体能训练

赵常红　王　琳　冯　刚　编著

人民体育出版社

图书在版编目（CIP）数据

体能训练 / 赵常红，王琳，冯刚编著. --北京: 人民体育出版社，2020
ISBN 978-7-5009-5949-6

Ⅰ. ①体… Ⅱ. ①赵… ②王… ③冯… Ⅲ. ①体能-身体训练 Ⅳ. ①G808.14

中国版本图书馆 CIP 数据核字（2020）第263703号

*
人 民 体 育 出 版 社 出 版 发 行
北京中献拓方科技发展有限公司印刷
新 华 书 店 经 销
*
710 × 1000 16开本 12 印张 203 千字
2020 年 12 月第 1 版 2020 年 12 月第 1 次印刷
*
ISBN 978-7-5009-5949-6
定价：54.00 元

社址：北京市东城区体育馆路 8 号（天坛公园东门）
电话：67151482（发行部） 邮编：100061
传真：67151483 邮购：67118491
网址：www.sportspublish.cn
（购买本社图书，如遇有缺损页可与邮购部联系）

前　言

体能是通过力量、速度、耐力、协调、柔韧、灵敏等运动素质表现出来的人体基本的运动能力，是运动员竞技能力的重要构成因素。体能储备的高低与人体能量储备以及体能素质特征有着密切的关系。体能训练是为提高运动员综合的专项竞技能力服务的，有效发展运动员的体能，可以提高运动项目需要的能量代谢能力，改善运动员的神经、骨骼和肌肉等系统的功能。

本书基于几位作者多年实践经验和理论学习，结合训练实践和体能训练的基本理论等内容编撰而成。全书图文并茂，由浅入深，由表及里，可作为各级各类学校健康体育课、体能训练专业必修课、体能训练专项选修课、体能训练普修课的教学用书，也可作为各级体能训练爱好者和体能训练教练员进行体能训练教学的补充教材，同时还可作为社会体育指导员、私人体能教练员、体育教师、体能训练教练员和各界体能训练爱好者进行体能训练及运动训练的自学教材。期望这本书能够成为初级体能训练运动员和体能训练爱好者的良师益友。

由于作者知识结构和业务水平有限，书中如有不妥之处，恳请读者批评指正，作者会一如既往地保持探索的精神与开放的态度，谦虚地吸取所有读者提出的各种宝贵意见，以便今后对本书进行修订、完善。

作者

2020年8月1日

目 录

第一章　体能训练概论

第一节　体能及体能训练

一、体能和体能训练的概念

1. 体能

体能是由身体形态、身体机能、身体素质三大因素决定的。

身体形态包括身高、体重、体脂百分比及身体成分等。

身体机能指人整体及组成的各器官、系统所表现的生命活动，包括生理机能和心理机能。

身体素质包括基本活动能力（走、跑、跳、投掷、攀登、爬越、悬垂、支撑等）、体能素质（力量、速度、耐力、灵敏、柔韧、协调、反应等）和运动能力（体能素质和基本活动能力与运动技能相结合所表现出来的一种综合能力）。体能素质通过先天性遗传和后天训练获得，且随着年龄增大，遗传效应不断减少，训练效应不断加强。体能素质是所有项目的基础，是竞技能力的组成部分。

2. 体能训练

一般的体能训练主要指体能素质训练，体能素质训练的直接任务是根据各个项目竞赛的需要，提高运动员的体能素质。为此，亦须改善运动员的机能状况，并力求使运动员的身体形态适合运动项目的要求。

人体运动时能量的供应是通过三大能量代谢系统的供能，通过神经、骨骼、肌肉等系统协调工作实现的。训练、比赛所需要的速度、力量、耐力、协调、灵敏和柔韧等素质，是通过改善运动员的能量代谢、神经、肌肉、骨骼等系统的功能，并使之符合运动项目的需求来实现的。

二、体能训练的目的

体能素质训练就是练比赛需要的供能系统、神经、肌肉、骨骼协调工作能力。简单来说就是提升竞技能力，提高运动能力。具体如下：

①良好的体能是运动员整体竞技能力提高的必要条件，是创造优异运动成绩的重要保障。

②良好的体能是技术学习的基础，是技术提高的保障，这在技能项目中尤为明显。

③良好的体能为战术制订提供了更多的选择。

④良好的体能是运动员心理的积极保障。

⑤良好的体能可以防止损伤，延长运动寿命。

⑥良好的体能是长期高负荷训练的保障。

⑦良好的体能是决定青少年运动员能否达到最高竞技水平的重要因素。

第二节　体能训练的作用

一、体能训练的目标

训练是一个运动员准备达成更高竞技表现水平的过程。一个教练员需要能够通过由许多科学理论所设计出的系统化训练计划来使运动员达到最佳的运动表现，这些训练的过程是以发展各种与运动表现相关的特定因素为目标。这些特殊的因素包含：多元的体能发展、运动专项的体能发展、技术性的技能、战术的能力、心理因素、健康维持、伤害预防与理论知识。成功达成这些因素必须要利用个别化的手段与方法并且要符合运动选手的年龄、训练经历与耐受水平。

1. 一般体能发展

一般体能提供了所有竞技运动成功的训练基础。一般体能发展的训练目标是改善机体运动能力，如耐力、肌力、速度、柔软度与协调性。具有良好体能基础的运动员对于运动的专项训练活动可以有更佳的耐受力，并且可以在竞技运动的发展上有更多的潜能。

2. 专项体能发展

运动专项的体能发展或称为运动专项体能是指发展运动竞技所需要的特殊生理或体能特性。这类的训练目标在于达成运动竞技所需的数个特定需求，例如，肌力、技术、耐力、速度与柔韧性。然而，许多竞技运动需要结合数个关键专项体能素质，如爆发力、肌耐力或速耐力。

3. 心理因素

心理的准备亦是使身体表现达到完美的必要条件。有些学者亦将这类型的训练称为人格发展训练，而发展这些心理特质，如纪律、勇气、坚毅与信心都是赢得运动比赛所必须具备的。

4. 健康维持

考虑运动员的整体健康是非常重要的。良好的健康可以借由定期的健康检查和适当的训练来维持，包含激烈训练和能量恢复期的交替进行。当发生受伤或生病的情形，运动员能够优先获得特别的关注与适当的管理，是训练过程中最重要的考虑。

5. 伤害预防

预防运动伤害的最好方式是让运动员具有足够的身体能力与生理素质来面对激烈的训练与竞赛，并且确保运用适当的训练。运用不适当的训练，过度的训练量将会增加伤害的风险。当年轻运动员的体能发展日渐提升，便可开始发展机体运动能力来降低运动伤害的潜在风险。此外，对于疲劳的处理似乎亦是相当的重要。当疲劳程度提升时，伤害发生的机会便会显著上升，因此，训练计划中对于疲劳的处理，应该是要摆在优先的位置。

6. 理论知识

训练时应该要增进运动员对于训练、规划、营养与恢复相关的基础生理知识。对于运动员来说，了解为何进行某些训练活动是相当重要的。这样的目标可以借由与运动员共同讨论训练计划中各层面所制订的训练目标或是鼓励运动员参加训练相关的专题讨论或研讨会来达成。运动员具备有关训练过程与运动表现改善的理论知识，可能会使运动员作出更好的决定，并且更专注于训练的过程，而这可以使教练员与运动员设定更佳的训练目标。

二、体能训练的重点

1. 体能训练的技能分类

对于身体活动技能的分类已有许多建议的模式。除了传统上将身体活动技能分为个人竞技项目（田径、体操、拳击）与团体竞技项目（足球、橄榄球、篮球、排球）外，另一个广为接受的分类方法是利用机体运动能力为指标。机体运动能力包含：肌力、速度、耐力与协调性。虽然用运动能力来分类运动是相当实用的，但其他的方式亦被教练员所使用。分类运动技能的普遍方式为周期性、非周期性与两者结合的技能。

2. 体能训练技能的周期性

用于如竞走、赛跑、越野滑雪、竞速溜冰、游泳、划船、自由车及皮划艇等项目。这类运动的主要特点在于不断重复相同的动作，运动员只需学习一个动作循环，就可长期持续地重复该动作。每个周期性动作都是由不同的环节组成，而且按照相同的顺序不断重复，例如，划船中划桨动作，可分为提桨、拉桨、按转桨和回桨四个阶段，分别为整体动作的一个部分，运动员在划船过程中，依序反复循环这四个动作。运动员完成的所有周期性动作，都是连结在一起的，前一个动作完成之后，紧接着开始下一个动作。

3. 体能训练技能的非周期性

用于推铅球、掷铁饼、大部分的体操项目、球类项目、角力、拳击和击剑等。这些技能只包含一个动作来表现整体功能，例如，掷铁饼虽然包括预摆、转体、旋转、掷出和换步等动作，但这些动作都是在一次动作中完成。

周期性动作之后，立即接一个非周期性的动作，用于田径运动中的所有跳跃项目、花式溜冰、体操运动中的空翻、跳马以及跳水等。虽然每个动作都是连贯的，但是，很容易分辨出周期性与非周期性的动作部分，例如，我们能够分出撑竿跳高选手的助跑为周期性动作，而起跳后即为非周期性动作。

教练员了解运动技能的分类在选择合适的训练方法上，具有重要的作用。对于周期性运动，整体训练法似乎最为有效，因为要将跑步、竞速溜冰或越野滑雪的技术动作加以分解，是很困难的。对于非周期性运动，先将技术动作分解，然后个别加以教导（分解训练方法），有助于动作记忆。例如，可将标枪分解成几个步骤，先让运动员学会每一步骤，然后才学习整体动作。

4. 体能训练的适应

训练是由身体与心理不断面对各种训练量与强度等压力源时的一个组织过程。一个运动员适应与调整训练与竞赛负荷的能力与适应各种生活环境的能力一样重要。对于运动员来说，无法适应不断变化的训练负荷与训练竞赛相关的压力源，将会导致极度的疲劳，过度努力会造成过度训练。在这种情况下，运动员将无法达到训练目标。

高水平的运动表现需要通过长年有计划、持续的训练才能达成。在这个期间，运动员必须尝试适应其运动项目的特殊生理需求。对于训练过程的适应越好，便有更高的潜力达成高水平的运动表现。因此，对良好的训练计划的适应从而改善运动表现。运动员要改善运动表现必须依照以下顺序：

逐渐增加刺激（负荷）→适应→运动表现改善

刺激不足→平台期→运动表现停滞

刺激过度→不良的适应→运动表现降低

因此，训练适应是通过有系统的重复运动刺激所引起生理变化的总和。这些结构与生理的变化是由于运动员的身体适应训练量、训练强度与训练频率的结果。身体必须长时间受到超负荷的刺激才会对身体训练有益。如果训练刺激无法产生足够的生理刺激，那么便无法增强身体的适应。另外，如果训练负荷过高、令人无法忍受且持续时间过长，那么就可能发生过度训练与伤害。

第二章　体能训练的基础及内容

第一节　运动系统的结构和特点

一、体能相关的主要运动系统

运动员如果想获得好的运动表现，必须接受系统且渐进的训练刺激，而训练的刺激必须能够提升运动员能量供应与运动成绩。系统且组织良好的训练能够刺激机体以下主要生理功能产生更佳的适应。

1. 神经肌肉系统

能够增加动作的效率与协调、增加神经系统的反射活动、增加运动单位的同步、增加运动单位的招募、增加运动单位的活化、增加肌肉、增加粒线体的数目、转变细胞信息的传递路径。

2. 能量代谢系统

三大供能系统是ATP–CP（三磷酸腺苷–磷酸肌酸）磷酸原供能系统、无氧呼吸供能系统和有氧呼吸供能系统（图2–1–1）。ATP（三磷酸腺苷）在肌肉中的含量低，当肌肉进行剧烈运动时，供能时间仅能维持约1～3秒。随后的能量供应就要依靠ATP的再生。这时，细胞内的高能化合物CP（磷酸肌酸）的高能磷酸键水解将能量迁移至ADP（二磷酸腺苷），生成ATP。CP在体内的含量也很少，只能维持几秒的能量供应。人在剧烈运动时，首先是ATP–CP磷酸原供能系统供能，通过这个系统供能大约维持6～8秒。然后是有氧呼吸供能。

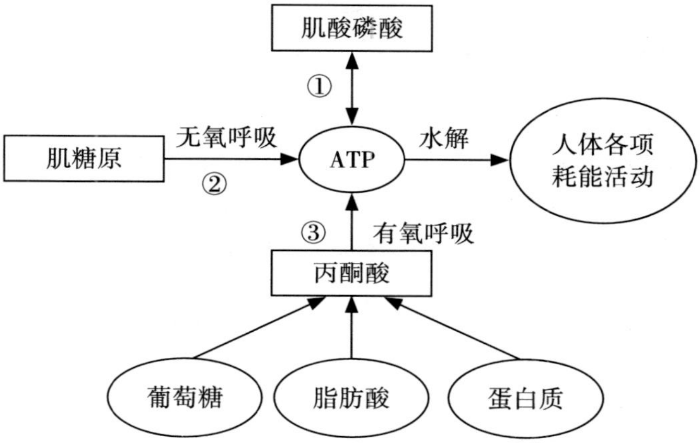

图2-1-1 三大供能系统

这两项之后的供能，主要依靠葡萄糖和糖原的无氧酵解所释放的能量合成ATP。无氧酵解供能能维持2～3分钟。由于无氧呼吸产生的乳酸易导致肌肉疲劳，所以长时间的耐力运动需要靠有氧呼吸释放的能量来合成ATP。

综上所述，短时间大强度的运动，如100米短跑，主要依靠ATP-CP磷酸原供能系统供能；长时间低强度的运动，主要靠有氧呼吸提供能量；介于二者之间的较短时间的中强度运动，如400米跑，则主要由无氧呼吸提供能量。

人在剧烈运动时供能物质主要是糖。但在长时间剧烈运动时，如马拉松长跑运动，人体内贮存的糖功能明显不够，在消耗完贮存的糖类物质后，就动用体内贮存的脂肪和脂肪酸。

增加肌肉中ATP与CP的储存量，增加肌肉耐受乳酸的能力并延迟疲劳的发生、增加微血管网络提供更多营养物质与氧气、增加长距离运动中使用脂肪氧化供能的能力、增加糖解系统之效率、增加有氧系统之效率并且改变各种生物能量系统运作过程中所需要特定酶的活性。

3. 呼吸系统

增加肺容量、增加左心室壁的厚度、增加左心室的容积，提升每跳心输出量促进充足的血氧运送至做功肌肉，降低心率、增加微血管循环、提升乳酸阈值使运动员可以在更高的摄氧量强度下运动并且增加最大摄氧量（VO_{2max}）促进长距离运动的有氧能力。所有训练计划的焦点在于改善运动表现。而这必须让运动员处在更高的训练要求下，借此突破目前的适应状态。当运动员提升了适应的状态，就可以提升他的运动表现。

适应指在一般或特定运动项目训练计划中，运动员针对竞赛中的特定需求进行训练所引发的长期、渐进的生理反应。适应是通过身体功能的正向改变而发生。训练期、准备期与竞赛期都有不同类型的适应现象。

二、运动时供能系统的供能特点

1. 供能系统的输出功率

运动时代谢供能的输出功率取决于能源物质合成ATP的最大速率。

2. 供能系统的相互关系

①运动中基本不存在一种能量物质单独供能的情况，肌肉可以利用所有能量物质，只是时间、顺序和相对比率随运动状况而异，不是同步利用。

②最大功率输出的顺序，由大到小依次为：磷酸原系统>糖酵解系统>糖有氧氧化>脂肪酸有氧氧化，且分别以近50%的速率依次递减。

③当以最大输出功率运动时，各系统能维持的运动时间是：磷酸原系统供极量强度运动6～8秒；糖酵解系统供最大强度运动30～90秒，可维持2分钟以内；3分钟主要依赖有氧代谢途径。运动时间越长强度越小，脂肪氧化供能的比例越大。脂肪酸是长时间运动的基本燃料。

④由于运动后ATP、CP的恢复及乳酸的清除，须依靠有氧代谢系统才能完成，所以有氧代谢供能是运动后机能恢复的基本代谢方式。

3. 不同运动状态下供能系统的相互关系

不同状态、不同强度和持续时间的运动，骨骼肌内无氧代谢和有氧代谢供能的一般特点表现如下。

（1）安静状态

安静时，骨骼肌内能量消耗少，ATP保持高水平；氧的供应充足，肌细胞内以游离脂肪酸和葡萄糖的有氧代谢供能。线粒体内氧化脂肪酸的能力比氧化丙酮酸强，即氧化脂肪酸的能力大于糖的有氧代谢。在静息状态下，骨骼肌基本燃料是脂肪酸。

（2）长时间低强度运动状态

在长时间低强度运动时，骨骼肌内ATP的消耗逐渐增多，ADP水平逐渐增高，NAD+（烟酰胺腺嘌呤二核苷酸）还原速度加快，但仍以有氧代谢供能为主。血浆游离脂肪酸浓度明显上升，肌内脂肪酸氧化供能增强，这一现象在细胞内糖原量充足时就会发生。同时，肌糖原分解速度加快，加快的原因有两点：①能量代谢加强。②脂肪酸完全氧化需要糖分解的中间产物草酰乙酸协助才能实现。在低强度运动的最初数分钟内，血乳酸浓度稍有上升，但随着运动的继续，逐渐恢复到安静时水平。

（3）高强度运动状态

随着运动强度的提高，整体对能量的要求也进一步提高，但在血流量调整后，机体对能量的需求仍可由有氧代谢得到满足，即有氧代谢产能与总功率输出之间保持平衡。在这类运动中，血乳酸浓度保持在较高的水平上，说明在整体上基本依靠有氧代谢供能时，部分骨骼肌内由糖酵解合成ATP。血乳酸浓度是由运动肌细胞产生乳酸与高氧化型肌细胞或其他组织细胞内乳酸代谢之间的平衡决定的。

（4）短时间激烈运动状态

在接近和超过最大摄氧量强度运动时，骨骼肌以无氧代谢供能。极量运动时，肌内以ATP、CP供能为主。超过10秒的运动，糖酵解供能的比例增大。随着运动时间延长，血乳酸水平始终保持上升趋势，直至运动终止。

总之，短时间激烈运动（10秒以内）基本上依赖ATP、CP储备供能；长时间低、中强度运动时，以糖和脂肪酸有氧代谢供能为主；而运动时间在10秒～10分钟内执行全力运动时，所有的能源储备都被动用，只是动用的燃料随时间变化而异：运动开始时，ATP、CP被动用，然后糖酵解供能，最后糖原、脂肪酸、蛋白质有氧代谢也参与供能。运动结束后的一段时间，骨骼肌等组织细胞内有氧代谢速率仍高于安静时水平，它产生的能量用于运动时消耗的能源物质的恢复，如磷酸原、糖原等。

不同强度运动状态磷酸原储量的变化：

①极量运动至力竭时，CP储量接近耗尽，达安静值的3%以下，而ATP储量不会低于安静值的60%。

②当以75%最大摄氧量强度持续运动达到疲劳时，CP储量可降到安静值的20%左右，ATP储量则略低于安静值。

③当以低于60%最大摄氧量强度运动时，CP储量几乎不下降。这时，ATP合成途径主要靠糖、脂肪的有氧代谢提供。

运动训练对磷酸原系统的影响：

①运动训练可以明显提高ATP酶的活性。

②速度训练可以提高肌酸激酶的活性，从而提高ATP的转换速率和肌肉最大功率输出，有利于运动员提高速度素质和恢复期CP的重新合成。

③运动训练使骨骼肌CP储量明显增多，从而提高磷酸原供能时间。

④运动训练对骨骼肌内ATP储量影响不明显。

三、训练效果及循环周期

任何训练计划都会产生某些身体适应的反应称为训练效果。自20世纪60年代以来，某些学者开始讨论这个议题，其中Cooper（肯尼斯·库珀）在他所编著的一本十分具有影响力的书《新有氧运动》中。将训练效果分为以下三类。

1. 即刻训练效果

可以在训练中或结束后立即观察到，对训练负荷产生的生理反应，例如，心率上升、血压升高、疲劳导致力量输出降低、增加疲劳感与因训练强度与训练量而导致肌肉肝糖的用尽。

2. 累积训练效果

数个阶段或训练期的结果，是指在非常具有挑战性负荷的训练阶段中运动员突破适应状态阈值时的表现。当累积性的训练效果发生时，常令教练员与运动员感到惊讶，他们可能无法预期或解释这件事情（我们非常努力训练而这突然就发生了）。好的训练阶段计划可以将激烈的负荷与强度转换为超量恢复阶段，这使运动员可以从累积的训练效果中获得利益。延迟性的训练效果是训练阶段的最终结果并且可以长期维持。虽然立即训练后的效果会因为疲劳而降低，但延迟性的训练效果指正面的训练效益，是在训练引起的疲劳消失后出现。延迟性训练效果的出现与训练活动的状态有关：训练阶段越激烈，运动提升表现出来所需要的时间就越长。

3. 超量恢复循环

超量恢复是训练渐进原则的理论基础。训练与超量恢复可以在竞赛前使机体、能量代谢与神经心理焦虑达到更佳的适应。将超量恢复概念应用于训练中有许多的益处。

①帮助运动员在高强度训练下管理压力与竞争。

②帮助教练员建立训练系统结构。

③避免过度疲劳与过度训练的发生。

④使教练员认知到需要将训练强度交替促进最佳的适应。

⑤在训练与竞赛后正确使用不同类型的恢复技巧（例如，被动或主动的休息、营养、物理治疗、心理技巧）。

⑥在竞赛前的训练达到最佳运动表现。

训练时，机体会面对一连串的刺激而引起生理状态改变。这些生理反应包含能量代谢、激素水平、心肺循环、神经肌肉与细胞信号传到的转变。这些因训练产生的生理反应会受运动员的训练量、强度、频率与训练类型的影响。一般越高的训练量、强度或持续时间会产生越强的生理反应。

训练阶段中，立即的生理反应起因于疲劳的累积，而最明显的可能就是无法继续产生或维持最大自主收缩肌力。在运动后期亦会降低肌肉中肝糖储存量、增加乳酸堆积量、降低磷酸肌酸储存量并增加循环中皮质固醇的浓度。这些生理反应会暂时降低运动员的运动表现能力。

在训练阶段后，运动员必须消除疲劳、将肌肉中的糖元与磷酸再储存、降低循环中胆固醇的浓度并移除堆积的乳酸。运动员的恢复时间受许多因素影响，这些因素包含运动员的训练状态、训练阶段中肌肉收缩的形式、恢复技巧的使用与运动员的营养状况。营养状况更是特别重要，因为不足的饮食将会延长恢复的时间。运动引发的疲劳会导致运动员的恒定曲线突然下降，这与身体功能性能力的下降是同时发生的。当运动训练结束，在补偿期运动员会逐渐回到恒定状态。恢复到恒定状态或称为正常的生物状态是渐进且缓慢的，通常需要数小时到数天。如果高强度训练阶段的间隔时间充足，身体的疲劳会消失并且能量来源（特别是肝糖）完全获得补充，那么身体将会进入超量恢复状态。

当超量恢复阶段发生，运动员会重新建立一个更高的恒定状态水平，并对训练与运动表现产生正面的效益。超量恢复是运动员身体功能效益增加的基础。如果接下来的训练阶段或两个训练刺激的间隔时间过长，超量恢复将会消失，反而导致衰退或是运动表现能力下降。

第二节　体能训练的原则

一、系统性原则

运动员开始从事训练到创造优异成绩，直至运动寿命终结的长期过程中，都应按照体能发展的内在规律，作出相应的合理规划，持续不断地进行训练。

二、全面性原则

在发展专项运动技能的前提下，应全面安排和充分发展运动员的各项体能素质，特别是儿童和青少年时期，更应全面发展体能素质，提高一般身体机能水平以促进专项成绩的全面提高。

三、结合专项，区别训练原则

在一般发展的基础上，体能训练必须根据各运动项目的技术、战术和专项能力特点充分发展专项所需的体能素质，以促进运动员直接创造优异的专项运动成绩。

对于不同专项、不同的运动员或不同的训练状态、不同的训练任务及不同的训练条件，都应有区别地组织安排各自的相应的训练过程，选择相应的训练内容，给予相应训练负荷。

四、循序渐进原则

在体能训练时，素质的提高并不是一蹴而就的，而是一项较为系统的工程。由简到难、由轻到重，根据项目自身的特点，经过一段时间的训练，逐渐达到或超过预定目标。

五、目标需要原则

根据提高运动员竞技能力及运动成绩的需要，从实战出发，科学安排训练的阶段划分及训练的内容、方法、手段和负荷等因素。

六、目标激励原则

通过多种方法和途径，预定目标，激发运动员主动从事艰苦训练，并不断激励。

七、周期安排原则

周期性地组织运动训练过程。

八、适宜负荷原则

根据运动员的现实可能和人体机能的训练适应规律，以及提高运动员竞技能力的需要，在训练中给予相应量度的负荷，以取得理想训练效果。

九、直观教练原则

在运动训练中运用多种直观手段，通过运动员的视觉器官，激发活跃的形象思维，建立正确的动作表象，培养运动员的观察能力和思维能力，提高运动员竞技水平。

十、及时恢复原则

及时消除运动员在训练中产生的疲劳，并通过生物适应过程产生超量恢复，提高体能。

第三节　体能训练周期

一、训练周期

周期的概念并不限定在训练计划的建构或某一训练阶段所包含的训练形态中。周期的概念也可以应用在某一运动项目的主要体能训练过程中。因为，本书后面会讨论体能的周期与发展，此处将仅针对年训练计划的发展加以说明。

一些运动，多数是个人项目的运动，尤其是耐力方面，周期的概念较为松散。然而，大部分的团队运动，有体能的周期，能有许多发展的空间。了解这些之后，一些教练员全年使用爆发力训练，从准备阶段的早期，及至比赛阶段开始都同样训练。这种做法，显然误解了周期以及特殊性原则。应在准备期的前段发展最大肌力，然后在比赛阶段将所得的肌力转化为产生爆发力的能量。

二、力量周期

年训练计划中肌力训练计划的目标、内容与方法是不一样的。这些肌力形态的改变，是一种运动、一个项目与某一运动员最佳运动表现所需要的。这些改变，也受年训练计划的阶段以及该阶段的生理适应的影响。

1. 生理学适应期

在肌力训练计划的生理适应阶段需要奠定基础作用。此一阶段有时称为肌肉发展阶段，或肌耐力阶段。在准备阶段的前段，主要目标有：增加净体重，减少体脂肪以及强化结缔组织。在剧烈训练时，能够降低训练后段出现的疲劳。作为神经肌与体能训练基础，帮助预防运动伤害。准备阶段，特别是生理适应阶段，如果未妥善处理，会增加伤病的危险。要发展神经肌平衡，以降低伤害之危险。

准备阶段的一般准备次阶段的肌力训练计划相当重要，此一阶段以低强度高作业量的训练为主。运动的数目决定于所选择的运动的形式以及训练计划的目标。使用多关节大肌肉的运动（如背蹲举、上膊、抓举等）时，运动的数目少，而使用小肌肉、使用机械式运动时，运动的数目多。此一次阶段持续4～6周以达生理适应。对年轻运动员或没有肌力训练基础的人，需要更长的生理适应期。

2. 最大肌力阶段

所有运动都需要爆发力、耐力。肌爆发力与肌耐力直接与最大肌力相关。研究显示更强的运动员，产生更高水平的爆发力输出，肌耐力也更好。在产生爆发力能量之前，必须提高最大肌力，因为爆发力是肌力与速度的乘积。在训练计划中，此一准备阶段非常重要。

因运动项目、运动员需求以及年训练计划的不同，最大肌力阶段可长达3个月。较依赖最大肌力的运动，如足球或铅球，此一阶段可长达3个月，而以最大肌力为基础的运动项目，如自由车或越野滑雪，此阶段没那么久。发展最大肌力，可使用最大肌力（1RM）的75%～85%的重量，作4～6次3～5组之训练。

3. 过渡阶段

过渡阶段是指肌力爆发力阶段的准备阶段到比赛阶段的过渡。由于此阶段连接准备阶段与比赛阶段，一些教练员认为在年训练计划中，是往后的准备阶段、比赛前期与比赛阶段相当重要部分。

运动员将在最大肌力阶段所发展的最大肌力转变到自己运动项目所需要的发力形态（如速度训练、增强式训练），这需要合适的肌力爆发力训练。此阶段中，最大肌力必须设法维持，因为，如果最大肌力退步，产生爆发能力也跟着下降。如果在比赛期最大肌力下降，速度与敏捷性也将下降。在此阶段，运动项目的生理学特征，决定在此一训练阶段需要发展爆发力与耐力。因为所有运动都需要爆发力与耐力的不同程度的组合，此特征的比率必须迎合运动项目的要求。譬如角力，爆发力与耐力几乎各占一半比重，而独木舟运动员（200米与500米）却需要较多的爆发力。

4. 维持阶段

在训练计划中，此阶段的目的是维持前一阶段的生理与运动表现的水平。维持并不简单，因为有研究显示在比赛阶段中，训练方法不当会出现肌力下降现象。在维持阶段，必须有高强度的训练以维持所获得的肌力，又要避免疲劳。为了实现比赛期的主要目标，教练必须设计出有效的训练计划来维持上一阶段所获得的肌力。

维持的计划主要决定于运动项目的生理学需求。也就是说，肌力、爆发力、肌耐力的比例，必须反映出运动项目的需求。譬如足球或铅球运动员肌力训练，必须着重在最大肌力与爆发力的发展，而耐力运动项目运动员则把重点放在爆发力与耐力的发展。在训练课中，这些特质的分解并不容易，因为它们主要决定于赛季。通常，维持阶段包含少数几个肌力训练运动，进行重复。此阶段的训练频次，因训练计划设计与比赛赛程不同而异，每一小周期为1～5天。

5. 停止阶段

通常，主要是在比赛前5～7天停止肌力训练以减少运动员的累积疲劳，降低压力水平，并帮助生理与心理的超量恢复，升高准备状态，这些都会增强运动员的运动表现。不过，不是所有运动项目都适合如此安排。譬如力量训练运动员将不会在比赛前一周停止肌力训练，这将妨碍他们的运动表现。高度肌力与肌爆发力需求的运动员，只要在比赛前减少训练次数，就能获得良好的效果，这时需进行低量中强度的训练。

6. 补偿阶段

此阶段与过渡阶段一起，对周期训练计划收尾。过渡阶段的主要目标是在下一周期的训练之前，消除疲劳，利用动态的休息让运动员恢复。受伤运动员，可利用此阶段做复健，恢复动作的能量。运动伤害防护员、物理治疗师或生理治疗师共同与教练员合作以帮助恢复。此阶段中，不论是受伤或复健，所有运动员都应接受包括阻力训练的动态休息训练计划。

三、耐力周期

在年计划中，几个不同周期，都可以发展运动员的耐力。在制订周期计划时，将进行有氧耐力、有氧专项耐力训练。

1. 有氧耐力

在整个过渡阶段以及早期准备阶段，都训练有氧或氧化耐力。虽然每一种运动稍有不同，可以通过稳定的中等强度方法（如慢长跑），以及高强度间歇训练来发展。发展有氧耐力，有下列好处。

（1）促进心肺功能

增加微血管以增加氧与营养素的吸收，增加血红素浓度、红血球数目与血量，降低非最大心率与安静血压值，增加最大有氧动力，增加心输出量，增加每搏输出量，增加作业肌血流量，增加肺的氧气交换，减少非最大呼吸率。

（2）增加骨骼肌系统功能

增加 I 型纤维，增加氧化酵素能量，增加粒线体浓度与大小，增加肌红蛋白浓度，增加肌耐力能量。这些适应使能量物质供能更有效，从而增加耐力表现。这些适应是因为受作业负荷，尤其是训练量的影响。

2. 有氧专项耐力

耐力训练包括有氧专项耐力训练，主要针对运动的能量系统。此阶段的耐力训练，可使用一致的、交替的以及间歇训练（短中与长距离）。此阶段之前段，重视有氧耐力，后段以高强度间歇训练或运动为主的间歇训练，转而重视专项耐力。专项性耐力训练效果的迁移，帮助在年训练计划的比赛期，提升运动表现。

专项耐力训练用于年计划的比赛前阶段与比赛阶段。训练的方法，须针对运动的能量系统特征与运动员的特殊需求。许多运动项目的教练员，重视训练强度，使之超过比赛的强度。诸如足球之类团队运动的有效方法是采用小组训练，在训练课中，可以与战术或体能训练结合训练。训练的不同强度，可以帮助恢复，如此，运动员在主要比赛中，可达到更好的发挥。

四、速度周期

速度周期包括运动员团队的速度发展与短距离冲刺周期。团队运动项目的运动员通常进行单峰年计划，而短距离冲刺运动员因为有室内与户外比赛，通常进行双峰年训练计划。不论个别或团队运动，速度训练周期可能包含几个次阶段：一个有氧与无氧耐力阶段；最大速度与无氧耐力阶段；专项速度阶段；以及一个特殊的速度、敏捷性与反应敏捷性阶段。

1. 有氧与无氧耐力阶段

速度是运动员展现运动技术快速移动身体的生理学基础。这种训练是年训练计划中一般准备阶段的典型训练形式，用以提升有氧、无氧以及一般耐力能量。有不少方法，可以提升冲刺的生理学基础，包括长节奏以及强节奏训练。所谓长节奏训练是运动员以70%最大速度，反复冲刺200米以上，反复间休息45秒，组间休息2分钟。此种节奏训练可以发展有氧耐力，以及有氧爆发力。强节奏训练则以更高强度（80%～90%），更广的距离进行，反复间休息30秒到5分钟，组间休息3～10分钟，这种方法称为高强度间歇训练，目的在发展高强度耐力运动项目所需要的生理学适应。

随个人运动项目与团队运动项目的不同，节奏训练的代谢适应有相当大的运动的特殊性。有人称这种方法可以促进运动员的无氧与有氧代谢。相反的，使用传统的长慢距离训练被认为减少了增进无氧的代谢功能，因为动作的速度或冲刺能力主要依赖能量供给的速率。除长节奏与强节奏训练之外，也可以使用速度耐力训练。使用50～150米，以90%～100%的强度，反复间休息1～10分钟，组间休息3～4分钟。这也是间歇训练，用以提升生理学压力，创造随后发展速度的基础。当训练从一般准备阶段进入专项准备次阶段后，其他运动相关的训练，纳入包括变化强度的速度训练。团队的训练，可以安排中间不停的2～5分钟的战术训练，以发展运动的专项耐力。如足球运动可以安排上场人数较少的模拟训练，如2对2、3对3或5对5，或足球运球场地练习，因为，最近的研究显示这种训练可以有效地发展足球需要的耐力。

2. 最大速度与无氧耐力阶段

越接近比赛阶段时，训练便越强、越细致、越专项化。训练应包括最大速度，并进而发展速度耐力。

速度可以通过高强度较长反复间休息（3～5分钟）与组间休息（6～8分钟）的短距离冲刺（20～80米）来增强，以刺激无氧，尤其是磷化物系统。如前所述，速度耐力训练使用不同距离与休息间隔。这种不同的间歇结构，可用来发展生理适应。譬如糖解系统耐乳酸能力，可以使用95%～100%强度的短距离冲刺（短于80米），较短的反复间休息（1分钟）与较长的组间休息（4分钟）来训练。

3. 专项速度阶段

专项速度阶段需根据运动项目结合所有速度成分，及该项目的生物化学能量特点进行训练。此阶段可以使用运动训练的特殊练习，如与技术有关的体能训练。尤其是团队运动、武术或技击类运动，此阶段应该包含一些敏捷性与反应训练。此时，应该开始敏捷与反应时间的训练。

4. 专项速度、敏捷性与反应的敏捷性阶段

此阶段的训练使用一些方法发展速度进而增进运动相关的能力，如敏捷性与反应时，速度发展对敏捷性的发展相当重要。不过，如仅使用直线性运动，将无法最大化提高运动员的能力，运动员也需发展敏捷性的技术。如果训练阶段经妥善规划，上一阶段所训练好的速度，将可以提高敏捷性。

另一个与敏捷性有关的成分，就是知觉的决定能力，此种能力关系到敏捷性或视觉扫描、预测、辨识及情势认知。此种敏捷性要有该运动项目的特殊训练。如能妥善地训练，运动员将能增加运动场上遇到状况临机应变的反应能力。

五、整合周期

建构训练周期时一个最重要的因素是整合性训练因素。运动科学家、教练以及运动员经常单一地处理训练因素，而不是在训练计划中将各个因素整合在

一起。为了最大化地提高教练员建构训练计划的能力以及制订出合适的训练计划，需要专业的交互训练团队。此一团队可以称为运动强化团队，团队中可以包括运动科学家、运动心理学家、营养学家、生物力学家以及运动医学人员等。

欲将所有训练的内容安排到年计划之中，需要教练员与运动强化团队成员互相合作、正确确定运动员的训练目标，并妥善地安排训练内容，包括饮食与心理训练等。如果训练计划整合得好，运动员的成就势必将大大增大。

第三章　力量素质训练

力量素质是体能训练中的首要素质。在许多运动项目中，力量是取得优异成绩的基础。在运动中，人体必须表现出一定的力量，有时甚至需要竭尽全力。力量对其他素质的发展也起着重要的作用，是掌握技术、实施战术、提高运动成绩的重要基础。一切运动活动都离不开力量，力量是运动员体能训练水平的重要指标之一。

第一节　力量素质概述

一、力量的概念

力量训练是一个提高运动员的肌肉力量以对抗外部阻力的过程。肌肉力量指的是，以肌肉附着在骨骼上并借助骨骼向外界传导肌肉收缩产生的力的能力，以对抗外界阻力而发力的能力。骨骼是一个杠杆系统，肌肉系统和骨骼系统构成了我们身体全部运动系统。

肌肉作用于骨骼的力量有三种基本的表现形式。

向心：导致肌腹长度缩短的肌肉发力形式。

离心：导致肌腹长度拉长的肌肉发力形式。

等长：肌腹长度保持不变时的肌肉发力形式。

力量训练要遵循正确的逻辑进程，从运动员当前的力量水平起步，向着增强力量的目标前进。这样的进步需要两个条件。

①如果你想为提高运动员的力量水平制订计划，必须对其当前的力量水平进行正确的评估。力量训练的过程需要逐渐增加重量，在启动训练计划时，进行专门的评估不仅浪费时间，更重要的是，这样做忽视了评估过程本身也是形

成身体适应状态的刺激因素。如果测试强度足以精确地评估运动员当前的身体能力，那么由评估过程产生的对刺激的适应状态已经改变了评估对象的身体能力，导致提供的数据不准确，失去了为测试后的任意时间点提供参考的价值。在第一次力量训练教学课上边教学边评估运动员的身体能力则要高效得多。对所有的初级训练者来说，训练计划要以此为始，第二次训练则以第一次训练结束后的水平为起点，这样教学和评估的目的就能同时达到了。

②训练计划的制订必须以最高效地帮助运动员增长力量为目标。这需要用到一些基于刺激→恢复→适应模型的基本训练法则，同时也需要对运动员当前的身体适应潜力进行正确评估。

由于初级训练者之前从未按照有规律地逐渐增长力量的计划训练过，所以他们举起的重量相对于其最终的力量和爆发力潜力来说要小得多。训练者每次都能够增加训练的重量，从而在较短的时间内实现力量的快速增长。如果训练能进行科学安排，初级阶段会成为运动员训练生涯中力量和能力进步最快的阶段。当力量的增长出现平台期，初级阶段结束。平台期往往出现在训练的第三个月到第九个月，具体时间有个体差异。力量、爆发力方面的提升与特订训练计划的合理运用密切相关。

初级训练者每次训练用全新的、更大的重量来“测试”自身的力量水平，并且这个测试重量会使身体在下次训练到来时变得更强壮。按照预定的组数和重复次数训练，每次比上次最大重量增加5%的重量，这对促进力量增长是非常有效的，能促使身体适应这种刺激，在下次训练到来时变得更强壮。对绝大多数训练者来说，只要训练得当，都会在初级阶段取得整个力量训练过程中最快、最有效的进步。

在快速且轻松的进步变得困难、每次训练取得进步变得越来越不容易时，训练者开始使用更接近自身潜力的重量进行训练，他们已成为中级训练者。他们的恢复能力受到外界刺激的影响也不同，恢复需要更长的时间，而这段时间内还要进行多次训练。从实际出发，使用“周计划”安排训练最为高效。中级训练者已经发展出了承受恢复周期更长的刺激的能力。训练负荷刺激和充分的恢复必须有一个更长的时间周期。开始时，实际恢复需要时间可能大概5天，到了中级训练阶段末，恢复时间可能会增加到8～9天。要点是该如何分配增加的训练量，从而在施加足够刺激的同时又能让恢复不那么困难。在这个阶段训练成功的关键是，要平衡这两个重要却相互影响的要素——不断增长的刺激需求和相应增加的必要恢复时间。中级阶段短则2年，长的话可以持续4年，甚至更久。训练者处于什么阶段和举起的重量或者训练的年限无关。所有非杠铃项目的竞技运动员，力量训练基本上可以一直采用中级训练计划。

高级训练者的训练强度已经接近于自身终极力量。这个级别的训练所需要付出的时间和精力不是一般的训练者可以达到的，几乎只能完全是竞技型的力量运动和奥林匹克举重运动员才能达到。由于运动员的恢复能力是可以通过训练提高的，所以高级举重运动员所承受的训练负荷相当高。不过，由于在进阶到高级阶段的过程中身体已经产生了的适应状态，所以高级运动员产生足够的身体适应所需要的训练负荷也会相当高。这个级别的训练量和训练强度非常大，所以需要比使用中级训练负荷时更长的恢复时间。高级阶段的训练需要使用更复杂、更多变的方法，并在更长的时间周期内安排训练负荷和与恢复相关的参数。训练负荷和恢复的周期往往需要一个月甚至更久。以一种非常缓慢的速率逐渐接近身体的最终潜力，此时为了取得一点点的进步都需要付出极大的努力。同样因为这个原因，高级训练者使用的训练动作的数量通常也要少于中级训练者。他们已经适应并专精于他们特定的竞技项目，不再需要新的动作模式和刺激类型了。精英级运动员指那些看起来没有像其他人那样付出那么多努力，却能在一项运动中非常优秀的运动员。这个级别的运动员使用的任何训练方法都是高度个性化的，不论训练经历如何，能达到这个级别的运动员在所有训练者中的比例非常少。

③力量训练想要取得进步，是刺激→恢复→适应长期逐渐累积的过程。随着时间的推移，训练效应的累积才会产生适应状态。训练者并不是在训练过程中变强壮的，而是在训练后的恢复阶段变强壮的。那么在下次训练时有规律增加训练负荷，再次使用同样的训练负荷不会产生任何提高，因为训练者对这个负荷已经适应了。

二、力量的分类

各种体育运动项目由于完成的动作不同，所以表现出的力量也不同。球类运动员要有改变方向、急停急起、滞空及控制身体随意运动的力；跑的运动员要有快速向前推进力；跳跃运动员要有踏跳的腾空力；投掷运动员要有器械出手时的全身爆发力；摔跤、柔道运动员要有僵持力，能借力发力；游泳运动员要有手的快速划水和腿脚的快速打水、蹬水力；棋类运动员要有大脑的反应和静坐功；武术运动员要有快慢、动静结合的控制力；体操运动员要有翻转力、回环力、慢起用力等。根据不同运动项目对力量素质的要求，以及力量的不同表现形式，力量素质可分为多种类型。如根据肌肉收缩的形式，可将力量划分为静力性和动力性力量；根据力量和体重的关系，可分为绝对和相对力量；根据力量的表现，又可以分为绝对力量、速度力量和力量耐力；根据专项又可以分为一般和专项力量。然而在运动训练实践中，往往按体育运动不同项目对力量素质的要求，从力量的训练特征来划分，一般将力量素质分为绝对力量、相对力量。

1. 绝对力量的概念及特点

（1）概念

绝对力量是指人体或人体某一部分肌肉工作时克服最大内外阻力的能力。亦是指参与工作的肌肉在克服最大内外阻力时，所能动员出的全部肌纤维中最多数量的肌纤维发挥的最大能力。

（2）特点

绝对力量是个变量。它取决肌肉收缩的内协调能力，骨杠杆的机械效率和关节角度的变化。通过合理训练，一方面使参与工作的那些肌纤维内部结构、机能发生变化，另一方面又可动员较多的肌纤维参与工作，从而使绝对力量有所增长。但绝对力量的增长，根据每个人训练水平的高低、训练方法差异而有所不同。每个人的绝对力量由于遗传、年龄、性别、训练水平等因素具有很大个体差异，同一个人由于各部分肌肉功能不同，所表现出来的绝对力量也不同。

绝对力量的表现一般是指在各种姿势时，如站立、坐、卧、仰、蹲等身体姿势时，身体或身体某一部分所克服的最大阻力，以重量来衡量，可用测力计、杠铃、拉力器等来测定。 绝对力量是其他力量的基础。

2. 相对力量的概念及特点

（1）概念

是指人体每公斤体重所表现出绝对力量值的能力。它主要反映运动员的绝对力量与体重之间的关系。

相对力量=绝对力量/本人体重（千克）

（2）特点

衡量一个人相对力量通常采用力量体重指数，即每公斤体重的力量来表示。如果一个人的绝对力量不变或变化较小，但体重增加，则相对力量就会减少；反之相对力量增加，而体重保持不变，则其相对力量也随之而增大。相对力量对于竞技体操、同级别格斗、摔跤、柔道等运动项目均具有很大的意义。特别是力量训练比赛实质上就是比运动员的相对力量。为此对有重量级别要求和内在关系的运动项目，在发展力量素质过程中，在提高绝对力量的同时还必须降低体重以增加相对力量。

三、影响力量提高的因素

1. 神经冲动的强度与频率

中枢神经系统的机能状态可以直接影响肌肉力量，并对力量素质的发挥和发展起着最重要的作用。如果中枢神经系统传出的神经冲动强度大、频率高，则肌肉所产生的力量就大。

2. 血睾酮与皮质醇水平

血睾酮水平与力量素质有直接关系。血睾酮水平高，有利于提高血液蛋白合成及肌肉蛋白合成，以达到提高肌肉力量、提高训练水平及竞赛成绩的目的。血皮质醇水平与力量素质成正比关系。

3. 肌肉的组织结构

①取决于不同类型肌纤维的百分比。肌纤维类型分为红肌纤维（慢肌纤维）、白肌纤维（快肌纤维）、中间型肌纤维。快肌纤维的无氧代谢能力比慢肌纤维大得多，因为快肌纤维中ATP-CP酶的活性比慢肌纤维大三倍，比酵解酶活性大两倍。快肌的纤维粗，收缩速度快，达到最大张力的时间只需慢肌纤维的三分之一，其收缩的力量也要比慢肌纤维大得多，所以，快肌纤维最适于

做短距离、高强度的运动。慢肌纤维的有氧代谢能力比快肌纤维强。因为慢肌纤维有氧氧化酶系统活性高，毛细血管的数量、线粒体的大小和体积、肌红蛋白的含量等均大于快肌纤维，所以，慢肌纤维适合于耐力运动。力量素质主要由快肌纤维决定，快肌纤维百分比高，力量则大。

②取决于肌肉的生理横截面。肌肉的生理横截面为该肌肉所有肌纤维横截面的总和。每根肌纤维的横截面增粗，则肌肉的生理横截面也相应增粗，收缩力量就随之增大。

③肌纤维的数量与长度肌纤维数量多，则收缩力量大。训练前两人手臂肌肉体积差不多，经过训练，后者的肌肉体积和力量要大得多。肌肉的长度是遗传的，不受后天训练的影响。

4. 肌肉的反应

①肌肉的内协调能力。运动单位是指一个运动神经元同它所支配的一组肌纤维。一个运动单位包括3～100根肌纤维，一块肌肉最多可包括700个运动单位。当肌肉工作时，每块肌肉内所包含的运动单位并非全部参与工作，而是一部分运动单位处于相对休息状态。肌肉内协调能力的好坏，取决于能否调动更多的运动单位参加工作。动员参加工作的运动单位数量越多，则力量越大，反之则小。肌肉内协调能力受中枢神经系统的支配和肌肉内部对中枢神经系统传入的冲动所产生的反应。

②肌肉对于神经冲动的反应力。通常训练刺激引起的肌肉的反应只有肌肉整合力的30%左右。因此，采用相同的方法或相同的负荷进行训练只能导致部分肌肉适应训练。为了使肌肉提高适应程度或达到最高适应程度，则必须采用更大强度的刺激，因为力量只是在较大肌紧张的情况下才得以发挥的，只有最大刺激才能产生最大效果。并与提高神经冲动的同步效应，以及对抗肌配合主动肌完成大强度活动的能力，从而使力量得到提高。

③营养系统供能状况。肌肉工作时营养的供应直接影响到肌肉力量的发挥。力量首先与肌肉中储备的能量物质有关。在肌肉发挥力量的工作过程中，有机体经过肾上腺交感神经系统来实现中枢神经系统的营养影响。而在较长时间的工作过程中，营养系统的工作还依赖于有氧代谢能力。有氧代谢能力强，才能及时排除肌肉工作时产生的代谢产物，使肌肉更好地工作。

④肌肉整合力是指所有参加运动的肌肉所产生的力量的总和。训练有素的运动员具有充分发挥肌肉整合力的能力，可发挥出更大的肌肉力量。此外，年龄变化、骨杠杆的机械效率、海拔高度、紫外线照射、钾钠代谢水平、生物节律、心理因素以及外界刺激（如温度、气味、声音、光亮等）对肌肉力量发挥均有不同程度的影响。

第二节　大肌群力量素质训练

发展力量素质，首先掌握大肌群力量训练的科学方法，并在实践中反复练习。只有这样才能迅速促进绝对力量水平的提高。大肌群力量训练包括对背部、胸部和腿部等，借助器械进行大负荷刺激的练习。下面根据身体的不同部位，主要介绍现代发展大肌群力量过程中经常采用的技术动作。

一、深蹲

1. 深蹲的优势

深蹲是股四头肌、髋部、臀部肌肉主动联合发力的运动形式，它是股四头肌拉长，臀部下蹲至最低点，然后髋关节伸直的一个过程。包括的肌肉群有股四头肌、臀大肌、腘绳肌和内收肌。使这些肌肉群变强壮、力量增加最好的方法就是深蹲。深蹲更多地刺激大腿前侧的股四头肌，所以股四头肌产生酸痛感显著高于其他发力肌肉。深蹲能够最大限度地刺激这些肌肉，使这些肌肉群的力量在深蹲过程中得到发展，是发展这些肌群力量最为有效的训练方式。先是肌肉做离心运动（或者拉伸运动），然后进行向心运动（或者收缩运动）完成一次相关肌群的肌肉力量训练。一次科学的深蹲核心力量符合骨骼生物力学，中枢神经系统调动各大肌群为身体提供平衡，力量从双脚开始向上传递到杠铃杆。深蹲能系统性刺激整个身体激素的响应，从而使整个身体机能得到强化。

2. 如何深蹲

图3-2-1

深蹲是一种力量运动，能够让自己变得更加强壮，动用更多的肌肉，并帮助他们为举起更大的重量做好准备。重心在肩胛骨中点的脊柱下方，这与力量翻、抓举、挺举、硬拉预备姿势很相似。正确的深蹲需要稳定膝关节，需要髋部下沉到低于髌骨顶端所在水平面的位置（图3-2-1）。

下蹲时膝关节和股四头肌同时受压力，骨盆会与躯干一同前倾，臀大肌、内收肌或者腘绳肌没有负载，但提供了轻微的回复力，在起身时髋部的伸展，臀大肌、腹股沟肌肉和腘绳肌处于受压状态。以前训练深蹲时背挺直以减少对脊柱的力，但现在发现这是错误的背部保护方式，会增加膝关节不必要的压力。还有就是深蹲时，脚越靠后，就会使用到越多的髋部肌肉，脚越靠前，就会用到越多的股四头肌，造成髌骨肌腱炎。前十字韧带能够使膝关节更加稳定，它能够限制胫骨过度向前滑动，深蹲能够使腘绳肌变得强壮，腘绳肌变得更加强壮能保护我们的前十字韧带。有了强壮的腘绳肌以及低杠位深蹲提供的膝盖靠后的姿势，髋部会在运动过程中承受大部分的压力。

有些运动员喜欢动作幅度较小的四分之一深蹲。在做四分之一深蹲的时候，能蹲起更大重量（甚至3倍），从而导致训练者脊柱超载，背部和膝关节更容易受伤。如果训练时某一个重量无法全深蹲，那就说明这个重量太重。深蹲能够产生高水平的中枢神经系统活动、改善身体的平衡性和协调性、提高骨骼的负载能力和骨密度、刺激肌肉的生长、刺激结缔组织并使之变强、提高心理承受力和心理韧性，并完成对全身的系统性锻炼。

3. 常见问题

（1）站姿

双脚中心点是杠铃杆的重心。脚跟之间的距离大约与肩同宽，脚尖外展

30° 力量训练效果最好。但也会随着髋宽度、柔韧性、股骨与胫骨长度的不同而有个体差异。

（2）膝关节

深蹲中膝关节的投影直接与双脚分别处在一条垂直线上，股骨与双脚保持平行，膝盖会前伸超过脚尖的位置。这样就不会产生膝关节的扭转。这个角度能让髋部正常做动作。

两个最常见的与膝关节有关的错误是：①膝关节内收太多；股骨内侧和外侧肌肉的功能就会被弱化。②膝盖前伸太多，无论是在下蹲的起始阶段还是在动作底部，这虽不会明显地损伤膝关节，但会对从底部位置起身时的髋部发力产生负面影响，膝盖前伸会使膝角更为封闭，髋部伸展的助力就大打折扣。深蹲的时候，眼睛要比平时更向下看，盯着地面上正好位于双脚脚尖之间的点，这样就能清楚地看到自己的膝盖，并检查膝盖的位置。

如果低杠位深蹲有着更为接近竖直的背部，这会导致膝盖过度前伸。举起重量靠你的髋部，而不是背部。只管俯身、后坐、外展膝关节，膝盖向后移动。如果在深蹲中重心处于脚跟正上方的话，膝盖就不可能太靠前。正确的深蹲中，如果膝盖随着股骨的外旋向外移动，那么膝盖前伸的程度也会被限制在一个对你的身体结构来说正常的位置，并且所有的膝盖前伸都发生在下蹲过程中的前半段或者前三分之一段。之后，膝盖只需保持在合适的位置上，髋关节就会接手这个动作余下的部分。所以，从最高点开始，把膝盖前伸并外展到它们的最终位置——越过脚尖一点点，然后锁定膝关节的位置，下蹲的剩余部分由髋关节向后向下的运动完成。把一个木块放在膝盖前方，碰到木块，但不要碰倒它为了使这种膝关节控制技巧发挥作用，你需要确实地向下看着你的膝盖，从而了解在你的控制下膝盖做出的具体反应。

（3）握法和肘部位置

身体与杠铃的位置是由杠铃上的双手的位置决定。如果握杠方式错误，那在一组练习中做的任何一个动作都会造成损伤，如杠铃没有居中，脊柱就会处于不对称的负载状态。大拇指应该放在杠铃杆的上方，从而使手腕和前臂处于一条直线上。不要用大拇指环绕的方式握杠铃杆，否则肘关节会上抬。

窄握距，肘部下沉，宽握手腕伸直。宽握，上背部肌肉放松，而肌肉对杠铃杆的支撑能力也会随之减弱，骨骼支撑杠铃杆，导致骨骼疼痛。如果肘部向下，肩膀肌肉就会放松；如果向上，肩膀肌肉就会绷紧，并且挺胸收缩背部肌肉（图3-2-2）。

图3-2-2

（4）正确深蹲

杠铃杆处于脚中心点的正上方。大腿与双脚平行。髋关节处于低于髌骨顶端的位置。对前深蹲来说，背角近乎垂直，髋角打开，但膝角封闭。对后深蹲来说，背部会处于一个更偏向水平的角度，膝盖会刚好越过脚尖，这样髋角会更加封闭，膝角会开放（图3-2-3）。

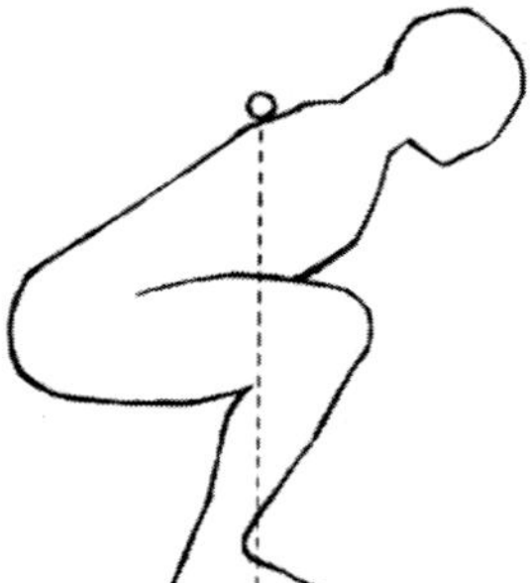

图3-2-3

（5）背部

大重量深蹲会导致膝关节出现伤病，其实最大的威胁是脊柱。对脊柱来说，最危险的动作是负重弯曲和旋转，脊柱像一根刚性的杆子一样传递着由髋部伸肌和膝关节伸肌产生的力矩。躯干肌肉系统保持着脊柱的刚性，脊柱通过下背部的肌肉被牢牢固定在骨盆里，能伸展骨盆的肌肉则能够使脊柱在空间中移动。

在负重状态下不正确的脊椎位置会导致椎间盘向前或者向后的挤压，并因此导致伤病，当举重者接近深蹲的底部位置时，躯干必要的前倾会让下背部出现一种弯曲并拱起的趋势。这种趋势是由腘绳肌的结构和大腿的位置决定的。如果双膝分得不够开，当靠近动作底部的时候，大腿也会和躯干挤在一起。深蹲膝关节外展，就可以避免下背部弯曲的趋势，臀部低于大腿水平位置。辨别脊柱伸展的最简单方法是背部挺直，应该能在整个深蹲过程中保持背部的挺直。

（6）髋部

深蹲时双脚、小腿、大腿、髋部和支撑着杠铃的脊柱同时工作，“髋部发力”。当站起高度到高于大腿水平时，股四头肌发挥更大的发力驱动作用。

在深蹲过程中，上挺胸部而不是用髋部直接向上发力在很大程度上减弱了腘绳肌的张力（图3–2–4）。

在深蹲过程中，标准的动作幅度是低于大腿与地面平行的位置，在深蹲的底部，会出现一种挤压——两根骨头之间的软组织彼此妨碍的情况，外展膝关节可以释放这种应力。这种简单的骨骼位置调整能让举重者下蹲到低于大腿水平位置的深度，与此同时髋部运作的方式也会被大大地改善。

图3–2–4

髋关节的碰撞是限制深蹲深度的主要因素，需要纠正很多种技术问题——从膝盖到背角，从脚跟下的空当到摆动的杠铃杆运动路径。可通过想象保持杠铃杆处于脚中心正上方的方式，把杠铃杆真正保持在脚中心的正上方。

（7）呼吸

吸气时膈肌收缩，胸腔的体积增加。随着空气流进扩张的肺部，胸腔内外的压力达到平衡。当屏住一大口气时，胸腔中的压力增加，腹直肌和腹斜肌紧绷。负重深蹲时，腹部肌肉收缩导致胸、腹腔内部压力进一步增加。

脑血管压力确实会随着血管张力和瓦式呼吸法强度的增加而升高。与普通人群相比，运动员患有遗传性脑血管问题的可能性更小。很少有在举重室中的训练者发生脑血管意外的实际数据，因为这种事情是非常罕见的，以至于在统计学上可以忽略不计。由胸腔-腹腔压力提供的对脊柱的支持，就很自然地使用瓦式呼吸法。增强的支持力可以保持血管通路的畅通，为大脑供应足够的血液，举重者的背部必须得到支持，这样当你的背上压着大重量的杠铃时，从心脏泵出血液就变得非常困难，由瓦式呼吸法提供的血压增量才能保持血液向大脑的供应。大重量深蹲时“下蹲时吸气，起身时呼气”的建议可能会导致骨科伤病，而不是预防中风。实际上，在进行最大负重的练习之前，应尽量地深吸一口气并屏住呼吸，在使用轻重量训练的时候，你就要养成正确的呼吸习惯，当负重增加时，这种习惯已经被很好地巩固，这个技术非常重要。

（8）深蹲保护

方法错误、缺乏经验、注意力不集中、反应迟钝、看笑话的保护人员会给训练者带来伤害。一般深蹲需要有人保护，随着重量增加，深蹲和卧推的危险性也会增加，所以对每个训练者来说——尤其是在训练中的某些关键时刻，优秀的保护者显得非常重要。

随着深蹲重量加大，需两个人负责保护。保护者需要观察对方并细心地协作，当一个保护者向上拉杠铃，而另一个保护者没有这样做的时候，这可能会导致事故发生。保护者应该在杠铃杆上均衡地施加外力保持杠铃杆水平，同时这个保护把训练者的伤害概率降至最低。

深蹲的保护者需要专注、合作，保护者在训练开始前就应该到位。如果举重者的某次重复失败，那保护者就需要用双手和靠近杠铃杆一侧的弯曲的手肘平衡、协调接住杠铃杆的两端。否则杠铃失衡会导致脊柱扭伤。

如果保护者站在训练者的正后方，并且均衡地把双手放在握杠位置的外侧同时向上推举杠铃。如果重量太重，蹲起失败，这种保护就无效了。无论哪种情况，每个人都需要尽可能安全地远离杠铃杆，首先照顾好自己。事实上，没有保护者的时候，有些教练会教运动员在蹲起失败时，让杠铃从背上掉下来。但是这种动作需要经过练习、需要有缓冲杠铃片。在没有优秀教练示范的情况下，你千万不要尝试这样做。这种情况也是完全可以避免的，如果体能训练时没有足够的人来帮助保护，必须换一种方式来防止这种情况的发生。要么配备保护者为深蹲训练做好准备，要么改变当天的训练计划。如果体能训练时没有保护者，或者保护者没有能力保护训练者安全时，可以改用框式深蹲架，把保险杠调整到合适的位置。

如果需要的话，杠铃可以被下放到保险杠上。深蹲中，负重者通过膝关节完成，为保护膝关节，可改用举腿器保护膝关节进行训练。

4. 训练装备的选择

运动训练对运动鞋、运动服、护膝和护腰等保护装备的选择，对训练中减少运动损伤，提高训练效果十分重要。护腰起稳定脊柱的作用。腰带厚度比宽度更重要，一个厚且没有弹性的腰带让深蹲感觉变好。佩戴腰带能够帮助你更安全地举起更大的重量。因为当你深蹲的时候，一个绷紧的背部能更好地支撑起更大的重量。护膝的运作机制和深蹲服其实是一样的。护膝不能太紧，不能阻碍小腿的血液循环。鞋子的鞋底比较平坦，或脚跟略有一点加厚。运动裤要有伸缩性。

二、硬拉

1. 硬拉的优势

硬拉在体能腰部力量的训练中必不可少。负重后保持腰椎对力量的传输，能很好地训练腰背部肌肉力量，包括斜方肌、背直肌、臀大肌、冈上肌、股四头肌。硬拉动作简单，训练者伸直手臂拉住杠铃杆，将杠铃拉离地面，并拉起到腿部的高度，直至膝关节、髋关节和肩关节都被锁定。硬拉重量远超过深蹲和卧推的重量，但平时训练时并不是重量越大越好，这项训练主要提高高原运动员的腰背部肌肉的力量，增强腰背部肌肉对脊柱的固定作用。力量中小就可以，主要刺激腰背部肌肉的增长，防止对脊柱和腰椎的损伤，同时不能对膝关节和髋关节造成损伤。此训练是一把双刃剑，方法科学、负重得当会增强身体核心力量，否则会损伤身体，有些损伤可能是终身的、不可逆的，例如脊柱、腰椎和膝关节。硬拉很容易发生训练过度、训练重复次数过度或负重的重量过度。硬拉有两种：一种双脚在双手之间，另一种是双脚在双手之外（图3–2–5）。

图3–2–5

硬拉最难发力的是起始动作，需要举重者在没有任何反向力或者其他辅助的条件下，全靠训练者的爆发力将杠铃拉离地面，并使其向上运动。每次训练前涂抹防滑粉，重量很大时，硬拉时都会采用正反手握法，但应尽可能多地使用双手正握的方式，能够使双手变得更强壮，同时还能保证两侧肩膀受力均衡。正反手握法可以防止杠铃杆在手中滚动，但会导致肩膀受力不均衡，加剧反握手的肱二头肌的肌腱问题。重量超过双臂的握力容易导致腰椎受伤（图3–2–6）。

图3–2–6

2. 如何硬拉

杠铃杆上添加的负重应该比实际能够拉起的重量轻一些。

（1）站姿

硬拉的站姿大体上与全脚掌着地垂直跳的姿势相同，要根据训练者的身高和四肢长度选择姿势，双脚脚后跟相距20～30厘米，脚尖向外。

（2）握姿

进入正确的站姿后，握住杠铃杆：双手正握，大拇指环绕杠铃杆。握距以双手靠近双腿，但不要过于靠近双腿，以大拇指不会蹭到腿为宜。双手之间的距离为40～45厘米。双手应该刚好位于双腿两侧（图3–2–7）。

图3–2–7

（3）膝盖前伸

握姿确定了之后，屈膝并使膝盖前伸到胫骨刚刚碰到杠铃杆的位置。再次强调，不要移动杠铃杆，因为杠铃杆已经处在脚中心的正上方。硬拉时手臂和腿部足够靠近，但它们不会碰触。一定要保持杠铃杆与胫骨稍稍接触，并略微外展膝关节。

（4）挺胸

向上抬起胸廓，从而让胸部在两臂之间向上移动。让这种收缩沿背部向下传递，直至腰椎收紧并处于收缩状态。

（5）硬拉

深吸一口气，然后把杠铃杆向上拖拽到你的腿部。杠铃杆的运动路径就会是一条笔直的垂线。这个过程从脚中心点正上方的位置开始，然后在胸部挺起、膝关节和髋关节伸展、脊柱处于正常位置，以及双脚平贴地面、双臂自然下垂的顶部姿势中结束。

不要向上或者向后耸肩，身体也不要向后倾，只是挺胸。背部拱起、膝盖前伸的方式放下杠铃是错误的。下背部与正确的起始姿势一致，采用了正常的人体生理学挺直下背部，不能拱起，大多数背部伤病其实质是脊椎伤病，要养成正确的习惯保护脊柱。

在硬拉过程中，保证颈部的安全性和平衡性，双眼注视在地面上或对面的墙壁上，手臂必须保持笔直。硬拉一旦完成了杠铃杆沿腿部向上的运动路径，就要通过挺胸并使膝关节、髋部和腰椎同时处于伸展状态的方式锁定杠铃杆。最好用助力带缠绕双手，而且没有必要练习最大负重的硬拉。

三、卧推

1. 卧推的优势

卧推是体能力量训练的重要组成部分。卧推主要是胸大肌、肱三头肌以及前臂肌肉和背阔肌发力（图3-2-8）。

图3-2-8

开始练习一定要从轻重量开始热身。准备阶段时双眼注视上方。杠铃杆应该被放置在手掌根部，宽握主要由胸大肌发力，窄握主要由三头肌发力。通过使用正手握姿、手臂略微内旋的方式，就能够掌握最佳的握姿。一定要确保杠铃杆处于肩关节正上方的位置，这是杠铃杆在锁定时的平衡位置。杠铃杆离开这个位置，并推到胸部的正上方时，肘部要保持锁定。每次加重量要遵循加10%的原则，女生和力量小的初学者可以小于加10%这个原则。

2. 如何卧推

卧推是体能训练力量素质重要的训练方式，但卧推的错误方法流传甚至被认为理所当然。身体处于杠铃杆与卧推凳之间，一旦出现事故你根本没有办法自己把杠铃从身前移开，尤其大重量的卧推尤为危险。所以训练优先考虑安全，其次才是高效。

（1）握姿和握距

卧推过程中杠铃杆会位于脸部、颈部和胸部的上方，如果没有遵守相应的预防措施，这很可能会发生危险。双手一般采用锁握的方式，不能采用空握的方式。图3-2-9中，左图为空握，右图为锁握。

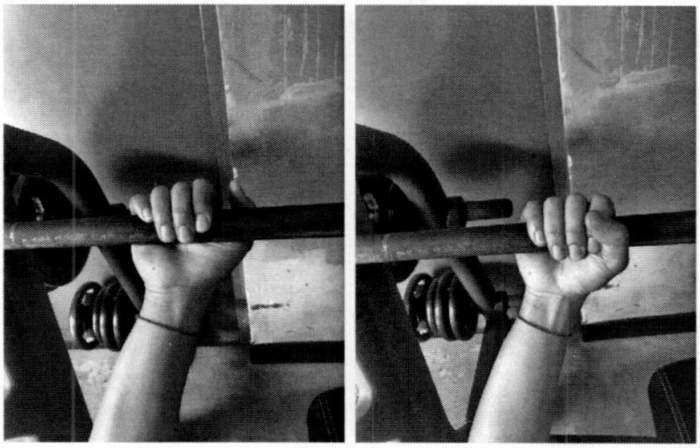

图3-2-9

卧推绝对不能使用空握握姿。空握杠铃容易滑落在训练者的面部和喉咙部，特别危险。握距很大程度上取决于个人喜好。当训练者使用宽握距时，杠铃杆的位移距离短，肱三头肌得不到足够的刺激，导致胸肌和三角肌做功更多。

（2）双脚

宽站距不舒服，窄站距相比而言采用得比较多。卧推过程中，要有合适的站距，骨盆比较平坦，脚踝和膝关节能够对抗地面发力，并传递到肩膀。

学习卧推的正确姿势是很重要的。首先放好脚踝和膝关节，然后再躺在杠铃杆下方的时候调整髋部姿势。在良好的姿势中，骨盆比较平坦，脚踝和膝关节能够对抗地面发力，并使力量能够沿卧推凳传递到肩膀。

（3）呼吸

在卧推中，瓦式呼吸法为胸部提供了支持，屏住的一大口气能够增加体内的气压，从而使举重者通过增加整个胸腔紧绷度的方式支持住胸部。但不能长时间憋气，否则会缺氧造成头晕、力乏。

3. 常见错误

①不能空握杠铃杆。

②不要在完成动作之前把杠铃杆朝着卧推架猛推。很多人急于收杠，如果推起失败，杠铃会落在脸上而不是胸部，这样更危险。

③如果卧推没有保护者，一定要在框式深蹲架中卧推。

④保证锁卡锁住杠铃片。

⑤收杠时有保护者帮助，自己也要主动完成收杠动作，确保保护者安全收杠。

四、力量翻

1. 力量翻的优势

力量翻是将杠铃从地板上拉起并上举到肩膀，而且在杠铃上升过程中不能使之接触身体的动作。它可以提升力量，尤其是向上的爆发力，所以我们会使用力量翻进行训练。

爆发力是运动员快速发力的能力。对体能力量素质来说，仅力量大是不够的，你还要拥有快速使用力量的能力，具有强大爆发力的运动员可以更加快速地使用力量。

2. 神经肌肉系统

那么人体产生爆发力的本质是什么呢？肌肉是由肌纤维组成的，这些肌纤维由运动神经元控制着。全部的肌肉和控制性神经系统被统称为神经肌肉系统。每个运动神经元都控制着很多肌纤维，一个运动神经元和通过神经纤维受它支配的所有肌纤维被描述为一个运动单元。运动单元在神经肌肉系统控制下的收缩或者触发，被叫作动员。当属于同一个运动单元中的肌纤维受到神经冲动触发时，所有的肌纤维都会尽可能地收缩，这种现象被认为是集体性的。这意味着中等程度的肌肉收缩是由中等比例的运动单元的动员产生的结果。目标任务需要产生的力量越大，就有越多的运动单元被动员进行收缩。

运动单元的动员是指不同数量的运动单元的总活性。当每个单元受到神经冲动触发进入收缩状态时，所有这些运动单元就一起构成了肌肉收缩能力的上限。那些被动员的运动单元会处于充分收缩的状态，而那些未被动员的运动单元则不会收缩。

高效动员运动单元的能力，也就是在任务要求产生高水平的瞬时力量时能够快速动员大量运动单元的能力，在很大程度上是由举重者个体的遗传因素决定的。这种能力取决于肌肉中运动神经元的密度、神经组织的质量、神经系统与肌纤维接触面的质量、肌纤维的类型，以及不同类型相互间的比例和其他相关因素。这些因素中有些可以适应训练带来的压力并能够加强，有些却不能。垂直跳测试可以直观地显示神经肌肉系统的质量，而且还可以指示出一个运动员的终极爆发能力。要求身体快速进入高水平的运动单元动员状态以举起大重量的训练可以增强神经肌肉系统中能够适应训练压力的各个方面。垂直跳跳得高的运动员比跳得低的运动员更具爆发力潜力。如果跳得低的运动员能够更加努力地训练——提高神经肌肉系统的效率，而有天赋的运动员仅仅是靠自己的天赋的话，那前者会比他们的对手——那些有天赋的运动员——更有可能成为一位优秀的运动员。力量翻和其他的爆发性练习可以通过逐渐增重的方式锻炼这种能力。每次训练时都要增加杠铃杆上加载的重量，这样的话重量的增加就可以被精确地调节，从而匹配举重者的适应能力，这样举重者就可以强迫自己的身体去适应。这个过程允许我们进行可控的、程序化的爆发力训练。

3. 爆发力、发力和速率

理解爆发力以及它与发力、加速度之间的关系，对爆发力训练大有帮助。图3-2-10是速率-爆发力的关系图，虚线代表杠铃杆的速率——当重量很小的时候，杠铃杆的移动速率很快，但是随着重量增加并接近极限，杠铃杆的移动速率会逐渐慢下来，直至停止。实线代表爆发力的生成——快速发力。

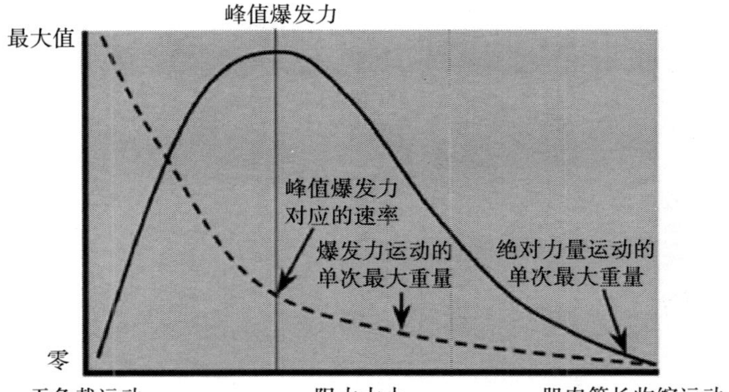

图3-2-10

既然我们是在训练爆发力，为什么我们要通过慢速的深蹲和硬拉去训练绝对力量呢？这正是特别说明的，两种力量训练非常重要，且相互迁移。二者的发力差异巨大，但在训练过程中肌肉和神经系统得到了更多训练从而刺激产生更大的爆发力。这就是为什么我们会采用绝对力量练习来提高爆发力的原因。

对大多数运动员来说，能够完成一次大重量力量翻的重量，是用来提高发力能力的合适重量。这个重量足够重，运动员需要用力才能拉起，而且由于力量翻动作的本质特征，没有爆发力是根本不可能完成相应动作的。除非杠铃在动作上半部分移动得很快，否则举重者甚至不能把它架到肩膀上。力量翻的唯一缺点就是需要依赖很多技巧。

4. 如何力量翻

（1）站姿和握姿

选择双脚最有力蹬地的站姿，与硬拉的站姿相同。杠铃杆会处于脚中心点正上方的位置。保持杠铃杆贴近身体，并且不要让髋部下沉。如果不使用较宽的握距，较长的前臂会使翻举的支撑姿势变得很困难。

只要杠铃杆的起始位置是在脚中心的正上方，杠铃杆就会沿一条垂直的路径运动，直至到达大腿中部对应的起跳位置。有助于举重者高效地拉起杠铃杆。如果膝关节在杠铃杆移动之前就伸展开了，那么股四头肌在拉起杠铃的起始部分就不会发挥任何作用。起始姿势必须放低髋部，抬高胸膛，并使杠铃杆贴着胫骨被拉起（图3–2–11）。

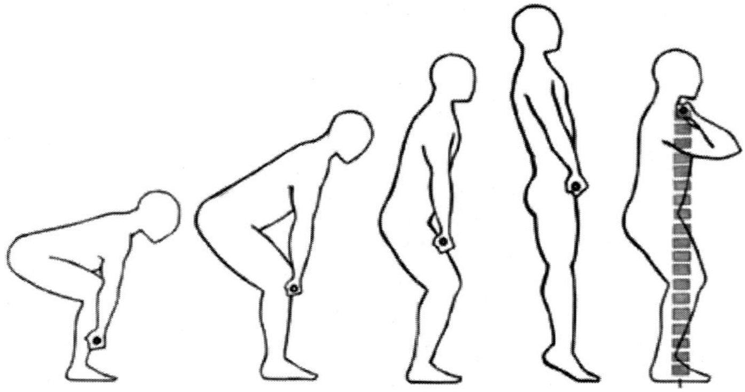

图3–2–11

杠铃在离地时的速度很慢，然后随着位置的上升不断加速。一旦身体失位，就不能准确地将杠铃杆拉到起跳位置，所以要将杠铃杆慢慢拉起。杠铃杆离开地面时的速度要比它上升经过胫骨和膝盖时的速度更慢。

（2）中间部分

拉起部分本质上是硬拉，再过渡到力量翻中真正的翻举动作，在跳起之前肘部必须伸直，任何程度肘部弯曲都是绝对错误，会将一部分拉力弱化。

同样的力量传递分析也适用于下背部，拱起的背部与弯曲的肘部一样，弱化力的传递。拉起杠铃的过程中一定要保持绝对的胸椎和腰椎伸展状态。到了这个阶段，我们之前用来帮助学习力量翻的垂直跳的类比就显得有点儿站不住脚了。开始加速负重是在上拉过程中段产生的“甩动”，它借助了背部的力臂，而且这个过程在杠铃杆还处于膝盖下方的时候就已经发生了，而不是在垂直跳那样的顶部位置。在杠铃杆经过膝盖后，膝关节的二次弯曲允许股四头肌再次伸展膝关节，但此时的伸展发生在之前就已经开始的加速过程中。

速度的增加贯穿地面至上拉路径顶部的整个加速阶段，而不仅仅发生在上拉的顶部。只不过杠铃杆在膝关节二次弯曲的过渡阶段，速度通常变慢，因此让很多人产生了上拉的顶部才是唯一高速的运动部分的印象。杠铃杆的速度降低是因为在过渡阶段举重者做的功突然减少，需要短暂移动身体而不是杠铃，从而进入一个更好的位置。

翻举的上拉过程中，其实有两个加速阶段：第一个是在上拉的中段，背角变得更接近垂直的时候。第二个是在膝关节二次弯曲之后，举重者通过膝关节伸肌为杠铃加速。

杠铃杆与大腿保持接触是非常重要的。在上拉的这个阶段，背角变得更接近垂直，膝关节转变到能够完成伸展动作的姿势。

（3）支撑姿势

当肘部向上旋转，挤进相应位置并指向前方时，杠铃杆就处在所谓的支撑姿势中三角肌进入了一个肘部高于胸部的收缩状态，从而使杠铃杆能够舒服地落在肩膀上。当支撑杠铃杆的时候，前臂相对于上臂的最佳位置是使肱骨处于外旋状态。

第三节　小肌群力量素质训练

一、腰背部力量训练

1. 山羊挺身

山羊挺身通过向心收缩和离心收缩很有效地直接锻炼了竖脊肌。躯干肌肉的常规功能是稳定脊柱，并由包括臀大肌、臀中肌、臀小肌、腘绳肌和竖脊肌共同完成。

动作过程：俯卧在山羊上，两脚固定在肋木间，如果没有此设备可以用卧推板代替，搭档帮助固定双脚，两手在颈后固定杠铃片（力量较小者也可不负重），做体前屈与挺身起。前屈时慢些，挺起要充分，身体成反弓形。也可俯卧在长凳上，固定两腿做负重的（或不负重）俯卧挺身，或做两端都固定的俯卧挺身静力练习（图3–3–1）。

图3–3–1

目标素质：主要发展伸展躯干和伸髋的肌肉力量。

2. 俯卧两头起

动作过程：俯卧在垫子或长凳上，两臂前伸，两腿并拢伸直。两臂和两腿同时向上抬起，腹部与坐垫成背弓，然后积极还原，连续练习。15～20次为一组。

目标素质：主要发展伸展躯干和伸髋的肌肉力量。

二、肱三头肌力量训练

1. 双臂屈伸

动作过程：在平行的双杠或替代健身器，双手握杠，两臂伸直，身体成反弓形向下屈臂，然后伸臂还原，往复循环。自重不够时可在腰带上挂上杠铃片，按力量训练计划增减。

健身房中的大多数肱三头肌训练都是在某种拉力器设备上完成的。

2. 仰卧臂屈伸

动作过程：仰卧，将小杠铃垂直举过脸部，双臂伸直，然后大臂保持不动，小臂缓慢下落至头顶或更低时，然后伸臂还原将杠铃向上拉回，这种练习大大增加肱三头的绝对力量和爆发力。

目标素质：主要发展胸大肌下部、外部肌肉，以及肱三头肌、三角肌、前锯肌力量。

3. 颈后臂屈伸

主要方法：身体直立，两臂上举反握小杠铃，握距同肩宽，做颈后臂屈伸动作。做时两臂固定在头的两侧，两肘向上，上体不动，尽量后屈。整个动作过程中，保持头朝下姿势，并反复练习。也可用哑铃、杠铃片等重物进行臂屈伸练习。

目标素质：主要发展肱三头肌、三角肌力量。

4. 俯卧撑

动作过程：俯撑在平地上或俯卧架上，两臂间隔同肩宽，然后屈臂将身体下降至最低限度，再伸直两臂将身体撑起。伸臂时两肘夹紧，身体始终挺直上下。可用头高脚低、脚高头低或背上负重三种姿势进行。两手可用宽中窄三种距离支撑。

目标素质：主要发展胸大肌、肱三头肌、三角肌及前锯肌力量。

5. 俯卧撑推起击掌

动作过程： 俯卧，两臂伸直撑地，身体保持挺直。屈臂时，胸部接近地面，然后两手快速推离地面，要求击掌一次，缓冲落地。反复练习。

目标素质： 主要发展胸大肌、肱三头肌、三角肌及前锯肌力量和上肢与躯干的协调用力。

三、肱二头力量训练

肱二头肌和肱三头肌都跨越了肘关节和肩关节，从而能产生围绕这两个关节的运动，为训练者提供了一种孤立训练肱二头肌的方法。

力量弯举

动作过程： 身体坐姿或直立，反握哑铃或杠铃，大臂尽量保持不动，屈小臂至胸前。

目标素质： 主要发展肱二头肌的力量。

四、前臂力量训练

1. 腕屈伸

动作过程： 身体直立，两手反握或正握杠铃做腕屈伸，前臂固定在膝上或凳子上，腕屈伸至最高点，稍停顿，再还原。也可坐着练习，用哑铃或杠铃片做交替腕屈伸。也可采用斜板腕屈伸练习。

目标素质： 主要发展前臂正、背面肌群的力量。

2. 旋腕练习

动作过程： 身体直立，两臂前平举，反握或正握横杠，用屈腕和伸腕力量卷起重物，反复练习。

目标素质： 主要发展前臂正、背面肌群的力量。

五、肩部力量

1. 斜方肌收缩练习

动作过程：身体直立，正握杠铃，然后以肩部斜方肌的收缩力，使两肩胛尽可能的向上耸起，直至不能再高时为止，然后还原，反复练习。

目标素质：主要发展斜方肌力量。

2. 上背部直立划船

动作过程：两脚自然开立，两手握杠，握距比肩窄。杠铃徐徐向上拉起，上拉时要让横杠尽量贴近身体，直到横杠几乎触及颏部。让杠铃回落到两臂完全伸直，重复再做。

目标素质：主要发展三角肌和斜方肌力量。

六、腹部力量训练

腹部力量训练的重点是发展腹外斜肌、腹内斜肌、腹直肌、髂腰肌力量。腹肌收缩主要是用来缩短骨盆底部至胸骨间的距离。这种收缩动作在仰卧起坐或仰卧举腿中刺激较充分，也可用半仰卧起坐训练腹部力量。

1. 仰卧起坐

动作过程：仰卧凳上或斜板上，两足固定，两手抱头，然后屈上体坐起，再还原，反复进行。也可两手于颈后持杠铃片或其他重物负重练习。

目标素质：主要发展腹直肌、髂腰肌力量。

2. 半仰卧起坐

动作过程：平躺地上或练习凳上，两手持杠铃片置于头后，两足固定。上体向前上方卷起，同进两膝逐步弯曲。练习时注意背下部和髋部不能因上体抬起而离开地面或练习凳。用力吸气，放松呼气。也可将负重物放在胸前上部进行练习。

目标素质：主要发展腹直肌上部力量。

3. 蛙式仰卧起坐

动作过程：仰卧垫上，两脚掌靠拢，两膝分开，两手置头后，向上抬头，使腹肌处于紧张收缩状态，两秒钟后还原重新开始。

目标素质：主要发展腹直肌力量。

4. 仰卧举腿

动作过程：卧仰在斜板上，两手置身体两侧握住斜板，然后两腿伸直或稍屈向上举至垂直。

目标素质：主要发展腹直肌、髂腰肌力量。

5. 悬垂举腿

动作过程：两手同肩宽上举握住单杠，身体悬垂，然后两腿伸直或稍屈向上举至水平位置，反复练习，也可屈膝举腿降低难度。另外，也可在双杠上做两臂支撑的悬垂举腿。

6. 举腿绕环

动作过程：背靠肋木，两手上举正握肋木悬垂，两腿并拢向左右两侧轮换举腿绕环，反复进行。练习时绕环幅度要大，腿尽力举高。

7. 元宝式收腹

动作过程：两手置脑后，平躺地上或垫子上，上体卷起时，两膝收至髋部上方。上体卷起和收膝同时进行，直到两肘碰到两膝为止，也可保持静止30～60秒。反复练习。

七、腿部力量训练

1. 足尖深膝蹲

动作过程：两脚分开站立，将杠铃置颈后，全身直立，随即脚跟向上踮起，前脚掌着地，然后徐徐屈膝蹲下至两腿完全弯屈，以脚尖支持身体重心。稍停，再伸腿起立至两腿完全伸直，仍以脚尖支持身体重心。反复练习。

目标素质：主要发展小腿腓肠肌和比目鱼肌、股四头肌力量。

2. 负重提踵

动作过程：身体直立，颈后负杠铃或练习架，两脚站垫木或平地上，用力起踵，稍停再还原。

目标素质：主要发展小腿三头肌及屈足肌群力量。

3. 骑跨提踵

动作过程：光脚用脚趾站在一块木板上，两臂扶在位置较高的练习凳或台上，同伴跨腰上，然后两膝伸直，脚跟尽量放下着地，随即提起脚跟至小腿肌肉处于收缩状态，反复练习。

目标素质：主要发展小腿三头肌及屈足肌群力量。

4. 仰卧踝屈伸

动作过程：仰卧于腿举练习架上，两手扶住两膝，膝关节微屈。两脚跟朝里，用脚趾将重物顶起，还原后重复进行。

目标素质：主要发展屈足肌群力量。

5. 负重纵跳

动作过程：身穿沙背心，戴沙护腿，成半蹲姿势。两脚蹬地起跳，两臂上摆，腿充分蹬伸，头向上顶，缓冲落地后继续做。也可悬挂高目标，以两手触摸标志物进行练习。

目标素质：主要发展伸膝和屈足肌群力量及弹跳力。

6. 台阶跳

动作过程：面向台阶，屈膝摆臂，用力蹬地收腹跳上3～4级台阶，连续练习。

目标素质：主要发展下肢爆发力及协调用力能力。

7. 跨栏跳

动作过程：面向栏架，屈膝蹬地收腹上跳，连续跳过多个栏架。

目标素质：主要发挥伸膝、屈足肌群力量的弹跳力。

第四节　全身力量素质训练

一、正、反手引体向上

引体向上对硬拉、卧推和力量翻能力也会大有帮助，对背阔肌和肱二头肌的训练效果非常显著。引体向上是除推举外极佳的全身力量训练。

动作过程：两手正握或反握单杠，握距不能超过肩宽，曲臂将身体向上拉起，下颌过杠。然后再慢慢下放，伸臂还原，往复循环。

目标素质：主要发展胸大肌、肱二头肌、背阔肌力量和上肢与躯干的协调用力。

二、颈后宽引体向上

动作过程：宽握距正握横杠悬空，然后迅猛地将身体拉起，直到颈背部高过横杠。

目标素质：基本同正、反手引体向上。

三、窄上拉

动作过程：站距约与髋同宽，靠近横杠。两臂下垂，握距约同肩宽，挺胸别腰，下蹲提铃，当杠铃提拉到大腿中下部时，全身骤然用力，迅速做出蹬腿、伸髋、展体、起踵、耸肩、提肘动作，使杠铃继续上升，身体随之做屈膝、半蹲或直腿动作，同时顺势提肘。窄上拉包括膝上窄拉、悬吊式窄拉、直腿拉、窄硬拉等多种练习方法。

目标素质：主要发展骶棘肌、斜方肌、前锯肌、臀大肌、股二头肌、半腱肌、半膜肌、大收肌、股四头肌、三角肌、肱肌、小腿三头肌、屈足肌群力量。

四、宽上拉

动作过程：宽握距握杠，预备姿势同窄上拉，当杠铃上拉到大腿中上部时，迅速做出蹬腿、伸髋、展体、耸肩、提肘、起踵动作。宽上拉也包括膝上拉、悬吊式上拉、直腿拉、宽硬拉等多种做法。也可用助握带进行练习。

目标素质：基本同窄上拉。

五、双手持重物后抛

动作过程：两手持重物（如实心球、壶铃、铅球、杠铃片、杠铃等）于体前，两脚分开站立约与肩宽、屈膝半蹲，然后两脚蹬地、伸髋、展体，身体后仰，手臂顺势用力，奋力将重物经体前向头后上方抛出。10～15次为一组。

目标素质：发展全身协调用力和爆发力，对发展股四头肌、股二头肌、臀大肌、小腿三头肌、屈足肌群、骶棘肌、斜方肌、背阔肌、肱肌力量有一定作用。

六、双手持重物前抛

动作过程：两手持重物（如实心球、壶铃、铅球、杠铃片等）于体前，两脚分开站立约同肩宽、半蹲。两脚蹬地，伸展身体，两臂前摆将重物向前抛出。10～15次为一组。也可采用双手持实心球向上抛接、双手持球跳起上抛、双手持球体后前抛等动作进行练习。

目标素质：主要发展上肢、躯干和下肢的协调用力以及爆发力。

七、快推跳

动作过程：两脚前后开立，两手持哑铃于胸前，向上跳起时，两手同时向前方推出，落地后两脚交换，连续跳。要求手脚配合，速度快，动作轻捷，反复练习。

目标素质：主要发展上肢、躯干和下肢的协调用力以及爆发力。

第四章　速度素质训练

速度素质在竞技运动中具有极为重要的作用，如在田径运动中速度素质与专项成绩有着极为密切的关系。短跑、跨栏跑需要周期性位移的绝对速度、平均速度；中长跑需要专项耐力速度（即速度耐力）；跳跃项目需要助跑与起跳相结合的初速度，投掷项目需要器械出手的动作速度。在球类运动项目中，移动速度、进攻速度、击球速度、反应速度均与比赛胜负有着密切关系。在拳击、击剑、散打、柔道、跆拳道等项目中，反应速度、动作速度往往是取得胜利的重要保证。因此，速度素质的发展水平高低在很大程度上决定着运动成绩的高低和比赛胜负。它是运动员最佳竞技状态的保证，是取得优异成绩的重要条件，是衡量运动员身体训练水平的重要指标。提高运动员速度素质的高原训练方法，是体能训练的一个重要任务。而高原的空气密度低为速度类项目的速度训练提供天然良机。

第一节　速度素质概述

一、速度的概念

速度是指人体（或身体的某部位）进行快速运动的能力。它包括三个方面，即对各种刺激快速反应的能力、快速完成动作的能力、快速通过某一距离的能力。速度是运动员的基本素质之一，在体能训练中占有重要地位。有些运动项目（如100米跑）本身就是运动员比快速运动的能力。有些运动项目本身虽不是比速度，但速度对运动成绩有着直接影响。

二、速度的分类

速度素质主要分为反应速度、动作速度以及周期性运动项目中的移动程度。

1. 反应速度

反应速度是指人体对各种信号刺激（声、光、触）的快速应答能力，如短跑运动员从听到发令到起动，球类和击剑运动员在瞬间变化情况下做出反应的快慢等。运动员反应速度的快慢，取决于信号通过反射弧（由感受器→传入神经→中枢神经→传出神经→效应器构成）所需的时间即反应时的长短。反应时越长，反应速度越慢；反应时越短，反应速度越快。如乒乓球运动员在很短时间内，根据对方的击球动作和击球的声音，非常迅速、准确地判断出球的落点和旋转性能，并做出相应的技术动作。另外，反应时的长短还与刺激信号的强度以及注意的方向性有关。反应速度受遗传因素影响较大，遗传率高达75%以上，后天的训练只是把受遗传因素决定的反应速度表现出来，并稳定下来。

2. 动作速度

动作速度是指人体或人体的某一部分快速完成单个动作或成套动作的能力，通常以时间长短予以表示，如投掷运动员掷出器械的速度，跳跃运动员的踏跳速度，排球运动员的扣球速度，体操和武术运动员完成成套练习的速度等。动作速度还可以通过单位时间内所完成动作的数量予以衡量，数量多则动作速度快，数量少则动作速度慢。动作速度与准备状态、动作熟练程度、协调性、快速力量及速度耐力水平等有关。

3. 移动速度

移动速度是指在周期性运动中，单位时间内人体快速位移的能力。从物理学上讲，移动速度是表示物体运动快慢的物理量，它是距离（s）与通过该距离所有的时间（t）之比，可用公式$v=s/t$表示。在体育运动中，常常以人体通过固定距离所用的时间来表示。如男子100米跑9.76秒，男子100米自由泳50秒等。在技术动作中，移动速度可分为平均速度、加速度和最高速度。以最高速度为例，目前世界上优秀短跑运动员的100米最高速度男子为12.04米/秒，平均值为11.76米/秒，女子为10.98米/秒，平均值为10.60米/秒。移动速度与步长、步频及两者的比例，肌肉放松能力及运动技能巩固程度等有关。

一名具有良好移动速度的运动员，并不一定具有良好的反应速度。如在1980年莫斯科举行的第22届奥运会男子100米决赛中，金牌获得者是英国运动员威尔斯，成绩为10.25秒，但他的起跑反应速度为0.193秒，是参加决赛的8名选手中最慢的一位，而获第8名的法国选手潘卓，起跑反应速度高达0.130秒，是8名运动员中最好的一位。

三、影响速度提高的主要因素

1. 反应时

反应时是指运动员接受刺激与做出第一个肌肉动作之间的反应时间，它具有遗传性质。反应潜伏期的存在涉及以下因素：第一，某些感觉器官要被刺激而唤起兴奋；第二，兴奋必须沿神经传到中枢；第三，一旦兴奋冲动传到大脑，就要根据过去的经验进行，刺激物越复杂，在中枢分析的时间就越长；第四，沿着传出神经，把中枢所发出的冲动传到相应的肌肉群；第五，肌肉根据刺激的特点，产生相应的应答，全过程都要有时间延搁，其中，以在大脑皮层内所产生的延搁时间最长。

反应时又包括对简单情况的反应时和对复杂情况的反应时两种。直接反应是一种对事先已知的，但又突然出现的信号做出自觉反应。间接反应则是指运动员面临各种刺激而必须对其中一种刺激做出选择的反应。显然，后一种反应更慢些，而且供选择的刺激数量越多，反应的速度越慢。反应时与生理上的反射有所区别，反射是对刺激的非自觉性反应。在大多数运动项目中尤其是对抗性项目，反应时都起着重要作用，并可以通过合理的训练把受遗传因素影响所决定的最高反应速度表现出来，并稳定下来。

2. 神经过程的灵活性

神经过程的灵活性主要指运动神经中枢兴奋与抑制间的快速转换程度，

以及神经肌肉间的协调和调整能力。它在一定程度上与遗传因素有关。速度素质，特别是当表现出最高频率的动作时，取决于神经过程的灵活性。在快速和高频率完成的动作中，中枢神经系统的效应冲动通过运动神经元以集中形式释放，那么神经过程的灵活性就起着决定性作用。

3. 肌纤维的类型及肌肉用力的协调性

肌纤维分为红肌纤维、白肌纤维和中间型肌纤维。从肌纤维成分看，白肌纤维比红肌纤维直径大，主要靠糖酵解供能，有较高的脂肪、ATP、CP含量，容易疲劳，但适合于快速收缩。又由于在神经冲动传导速度方面，白肌纤维比红肌纤维和中间肌纤维快，其无氧代谢能力强，因此，白肌纤维成分比例较多者速度能力强。良好的肌肉弹性及主动肌与对抗肌间的合理交替能力也是实现快速运动、准确完成技术动作的重要保证。此外，关节的灵活性也影响着大幅度完成动作的效果，这对于要求快速奔跑的项目尤为重要。因此，在开展速度能力的过程中，安排一定的柔韧练习，特别是踝关节与髋关节的灵活性训练，可促进速度素质提高。

4. 注意力的集中程度以及个性心理特征和技术

运动速度不仅受到神经系统活动过程是否活跃、协调等因素影响，同时也受到神经冲动频率、冲动方式以及注意力集中程度等因素影响。坚强的意志力与注意力的高度集中是获得高速度的重要保证。运动员的个性心理特征与情绪、时间知觉、心理定向能力有关，并且影响到速度水平。因此，在速度训练中采用专门的手段与方法来提高运动员的意志品质和心理定向能力是十分必要的。速度、运动频率以及反应时往往都要受到技术影响。良好的技术可使高效供能快速完成动作。此外，还可以协调和放松对抗肌，使动作完成更省力、更协调。

5. 力量（尤其是爆发力）发展水平

在大多数运动项目中，力量尤其是爆发力制约和决定着动作速度和移动速度。在训练和比赛过程中，运动员快速运动的阻力来自重力、器械阻力、环境阻力（风、水、空气等）以及对手等。为了克服这些阻力，就必须提高运动员的力量水平。在大多数运动项目的训练和竞赛中，不仅要求运动员必须快速具备完成动作的技能，而且要求以同样的形式长时间地多次重复动作的技能。因此，在速度训练中，提高爆发力必须与提高肌肉耐力同时进行。只有这样才能有助于提高长时间快速工作的能力。

6. ATP–CP储备及再合成

速度素质的训练一般都是在较短的时间内（短于30秒）进行的。从能量供应过程看，速度练习强度大、时间短。100米赛跑要消耗146.3千焦能量，每升氧气可供20.9千焦能量，100米大约需7升氧。运动员在跑100米时，所用时间仅有10余秒，吸入氧气很少，基本上是无氧工作，所以速度练习一般是无氧代谢过程。在无氧条件下主要依靠ATP–CP系统供能。因此，从供能特点看，速度能力主要取决于肌肉中ATP–CP的储备以及在神经冲动作用下的分解和再合成速度。ATP在每千克肌肉中有6毫克左右，在进行速度练习时可供能5.02千焦，维持1～2秒工作；CP在每千克肌肉中有17～20毫克，供能25.08～33.44千焦，能维持5～7秒工作。肌糖原每100克肌肉中有1.5克左右，短时间速度练习一般不动用肌糖原，但在连续的爆发性速度练习或耐力性速度练习时就要动用肌糖原供能，一般在无氧条件下从10秒以后供能长达45秒左右。短时间极限强度肌肉收缩的直接能源物质是ATP、CP。这两种物质在肌肉中储备越多，速度训练的效果越好。随着练习时间延长，ATP消耗尽后再动用CP，CP消耗尽后肌糖原才能参加代谢，并产生乳酸，导致疲劳和工作能力下降。虽然速度练习时间短，但对单位时间能量供应的要求相当高。

四、速度训练的基本要求

①速度训练应结合运动员所从事的运动专项进行，如对短跑运动员则应着重提高听觉的反应能力，对体操运动员则应着重提高皮肤触觉的反应能力。对人的视、听、触觉反应速度而言，一般是触觉>听觉>视觉。

②速度素质训练应在运动员精力充沛，精神饱满的情况下进行，这样有利于形成快速能力的动力定型。

③由于速度素质的发展与力量、柔韧性、灵敏性等素质有关，因此，速度训练应注意适当发展这些素质以促进体能素质的良好迁移。

④速度素质训练是以高强度无氧代谢为主的活动，需以有氧代谢训练为基础。

第二节 速度训练方法

一、反应速度的训练

反应速度受遗传因素影响很大，遗传率高达75%以上，后天训练改变不大。反应速度实际上是机体神经系统反射道路的传导时间。这种反射道路的传导是人体的纯生理过程，是神经系统受遗传特征决定所固有的时间过程。生理学研究的成果证明，纯生理过程在后天是不能改变的或只能产生极微小的变化。因此，反应速度的提高很困难，运动训练并不能改变人的反应速度，训练的作用只是把受遗传因素影响所决定的最高反应速度表现出来，并稳定下来。由于反应速度必须通过某一部分肌肉工作的形式表现出来，因此，加强这种反应速度和肌肉工作形式的训练也就很有意义。

1. 直接反应速度

直接反应就是用早已熟悉的动作来响应事先已知的但又是突然出现的信号。例如，对短跑起跑时鸣枪的反应等。

（1）直接反应速度的训练原理

直接反应速度存在着迁移现象，即人们若对一些情况反应较快，那么他们对另一些情况也会有较快的反应。各种各样的动作速度和移动速度练习可逐步提高直接反应的速度，但是直接反应速度的提高并不能促进和影响动作速度和移动速度发展。因为反应速度与动作速度、位移速度之间的迁移是不可逆的。

（2）直接反应速度的提高

直接反应速度的提高在很大程度上取决于运动员对信号做出应答反应的动作的熟练程度。因为动作熟练后，一旦信号出现，中枢神经系统无需再花费较多时间去沟通与运动器官之间的反射联系。

（3）直接反应速度与心理素质及时间感知能力有关

运动员对细微时间间隙感觉越精细，准确辨别这种时间差的能力越强，就越能将这种准确时间差的感觉迁移到反应速度上来。

2. 直接反应速度的训练方法

如果要把专项运动所需要的直接反应速度提高到较高水平，就必须采用专门的训练方法。可采用以下方法。

（1）重复反应法

即突然和反复发出的信号，令运动员快速做出应答反应，以提高反应能力。可根据瞬间信号，或通过改变运动方向进行重复应答反应。例如，以不同的“预备”至“起跑”的间隔时间重复起跑，根据教练员发出的信号改变行进方向；对已知对手的技能或运动做出不同的反应动作；对快速运动目标做出迅速反应等。

（2）分解运动法

分解回答反应的动作，使之在较容易和更为简单的条件下，通过提高分解动作的速度来提高反应速度。例如，田径运动员采用蹲踞式起跑时，反应时间比站立式起跑长，其主要原因是运动员的两臂支撑着较大的重量，要较快地脱离支撑点有一定困难。因此，可采用站立式或手扶其他物体的起跑，加快反应速度。因为在这种情况下运动员的体重并非均匀着地，所以上肢的反应比较快。

（3）变换练习法

根据动作的强度、时间的变化进行信号刺激，改变练习的形式和环境来提高动作的反应速度。应用变换练习法还可在接近比赛的条件下，结合采用专门的心理训练来提高直接反应速度。这样可使运动员逐渐适应多变的环境，消除直接反应产生的过度紧张和兴奋。

（4）运动感觉法

增强反应时与辨别极短时间间隔的能力，是心理训练与训练实践相结合的一种方法。如果能够感觉出不同重复间隔，便具有良好的反应能力。运动感觉法的练习一般要经过三个阶段：第一阶段是运动员听到教练员发出的信号后，以最快的速度对此信号做出应答反应（例如，做5米的起跑），然后教练员把所用的实际时间告诉运动员。第二阶段是让运动员自己估计做出应答及反应所用的时间，然后教练员再把实际所用时间告诉运动员，让运动员自己进行比较，目的在于提高运动员对时间感觉的准确性。第三阶段是教练员要求运动员按事先所规定的时间去完成某一反应练习。这种练习可以提高运动员对时间判断的能力。当这些判断在大多数情况下比较吻合时，运动员就能准确确定反应时间的变化，从而提高反应速度。

反应速度能力在很大程度上还取决于运动员对目标注意力的集中程度。如果注意力集中在即将进行的运动上，而不是起跑信号上，其反应就要慢。如果肌肉在起跑的前十分之几秒内能产生等长性紧张（如以脚蹬起跑器），则起跑反应时会更短。此外，反应时还取决于起跑信号出现前的时间间隔。

3. 间接反应速度

间接反应速度也称为选择反应速度，它是指对瞬间的变化做出相应动作的应答速度。在球类运动以及一对一的对抗性项目中，由于对抗激烈，经常出现突然变换动作的情况，因此这类项目对间接反应速度有极高的要求。

间接反应在运动中大部分属于“选择”反应。选择反应包含两种：一是对移动目标的反应，对移动目标的反应过程主要是指对运动目标的变化做出反应；二是选择动作的反应，这主要是指根据对手动作变化做出相应的动作反应。

间接反应速度的培养属于运动技术和战术训练的组成部分，特别是在球类运动和一对一对抗项目里。间接反应速度的提高，最主要、最有效的方法是模拟整个比赛的情况以进行针对性的训练，一切以实战出发，因为对方所产生的变化只有在比赛中才能充分地显露，而自己所选择的反应动作速度是否有效也只有在比赛中才能得到检验。

4. 间接反应速度的训练方法

（1）移动目标练习

对移动目标产生做出选择反应，一般要看或听目标移动所发出的信号，判断目标移动的方位及速度，选择自己的反应方案并做出反应。以篮球为例，当队友传球时，接球者必须看球的运动方向和速度，确定自己的反应方案并做出反应。上述四个阶段构成了完整的间接反应，其中，第一阶段所需时间最长，其他三个阶段的时间都很短。因此，在训练中应强调第一阶段的训练。从不同的位置、方向，以不同的速度传球（或拳击、击剑、格斗项目中的动作），都可以提高运动员对移动物体的反应能力。通过各种游戏，或在小场地比赛也可以提高对移动目标的反应。移动目标练习还可采用以下两种方法进行：

①加强“预见”能力的培养。即培养在视野看到的目标运动并预见目标可能移动的方向。这种能力要在技术和战术层面通过专项练习来提高。

②有意识地引入和增加外部刺激因素。如在专项训练时增加球的数量，采用多球练习和多球游戏练习，缩小场地练习，安排一对二和一对三练习等。还可采用带有程序设计的专门设备进行训练，如乒乓球、排球发球机等，以提高在视野中迅速确定运动目标的能力。

为了缩短间接反应时间，提高反应速度，在训练中还需要运动员预测对手的 “潜在信息” 。这种潜在信息可以从对手的姿态、表情、准备动作、总体风格等预测。实践证明，一旦能准确意识到对手可能采用的进攻方式时，就可以准确地选择相应的反应动作来缩短反应时间。

（2）间接性练习让运动员通过各种复杂信号，做出相应的反应动作

如教练员喊“蹲下”动作，但实际上要求运动员站立不动；教练员喊“向左转”，运动员应向右转；或教练员喊一、二、三、四中某个数字时，运动员再做出事先规定的相应动作。此练习要求运动员注意力高度集中，反应快。

（3）间接反应能力练习

即在队友或对方发出动作的瞬间作出正确反应的练习。例如，拳击运动员在采取防守姿势时，对对方的进攻动作做出的最适宜反应；在速降滑雪比赛中，运动员根据坡度与雪情选择的最佳姿势。柔道、摔跤和拳击运动中，运动

员应首先掌握对某一技术动作的常规反应，随着运动技能的熟练化和自动化，再增加新的训练内容，逐步提高反应能力。

优秀运动员对直接反应和间接反应的速度相同。在有目的的发展间接反应速度的专门训练中，不仅要巩固和完善技术，增加技术动作总量，还要尽可能多地模拟专项运动中产生间接反应的类似场景，让运动员反复适应，促使反应时间缩短。由于间接反应速度的迁移范围相当广泛，因而必须采用多种形式的专门练习。

二、反应速度训练的基本要求

（1）集中注意力

运动员注意力集中，可使神经系统处于适宜的兴奋状态，并使肌肉处在紧张待发状态。研究证明，肌肉处在紧张待发状态，要比肌肉处于松弛状态的反应速度高60%左右。注意力通常应集中在完成的动作上，这样可以缩短反应时间。

（2）动作熟练

反应速度的提高主要取决于运动员对信号应答动作的熟练程度。动作熟练者，信号一旦出现，就会立刻做出相应的反应动作。这是因为感受器受到信号刺激，中枢神经无需再花费较长时间去沟通与运动器官的反射联系。所以要提高反应速度就必须反复多练。在反复练习中，要经常不断地改变练习刺激的强度和时间等因素。

（3）结合专项训练

反应速度的训练必须结合专项训练，如短跑运动员需要听或动觉的反应速度，用声信号刺激来提高这种能力。球类项目动作复杂多变，要求运动员能在瞬间对各种复杂多变的情况做出反应，这就要模拟比赛的情况。

（4）掌握多种运动技能

运动员掌握了多种运动技能，就可以增加可供选择的应答动作数量“储备”，只有这样才能在瞬息万变的复杂情况下迅速做出相应的反应。

三、动作速度的训练

动作速度在具体的动作中表现，如抓举动作速度、掷铅球动作速度、游泳转身动作的速度等。动作速度不仅与动作技术紧密地联系在一起，而且与力量、耐力、协调性等其他体能素质水平有关。所以动作速度的发展与其他体能素质的训练和技术训练有密切联系。动作速度的培养，必须通过技术水平的巩固与提高以及其他体能素质的发展才能实现。这是动作速度训练的特殊之处。

由于速度素质不易迁移，因此在动作速度的训练中，专项要求不同，动作速度训练的具体任务和内容也不一样。例如，在非周期性速度力量项目中，动作速度主要是在具体的技术动作中表现出来，如抓举的发力，标枪的出手，跳跃项目的蹬地等。在这类项目中，动作速度的培养与速度力量的培养一样重要。这类项目负重比例越大，速度的训练与力量的训练之间的关联也就越大。同时，动作速度与动作技术的关系也更密切。在周期性项目以及由许多综合性动作组成的项目中，必须多次在高速度的情况下来完成许多单个动作的组合。因此动作速度的培养就与速度耐力及协调性以及柔韧性等素质的能力有关。在并不直接依赖极限速度的项目中，如球类，则必须使动作速度与其他素质的发展同样重要，这是提高动作速度水平的重要保证。

1. 动作速度训练方法

（1）“加速”动作法

大多数速度练习是从静止到最大速度的“加速”阶段，如铅球投掷中的滑步，田径跳跃项目，技巧和体操支撑跳跃中的助跑，力量训练运动中的发力动作等。促使动作不断加速，并把加速阶段引入主要练习，是提高动作速度的重要途径。大家都知道，力（F）=质量（m）×加速度（a），因此当质量一定时，提高动作加速度，能够有效地增加力量，所以促进动作“加速”训练可以提高动作速度，同时增加动作力量，如推铅球最后出手前的附加转体，或在体操支撑跳跃中，采用起跳后触碰悬挂物体来增加蹬地的动作加速度等。

（2）减少阻力法

可以做减少外界环境的阻力和人体自重的阻力练习，如在自行车、速度滑冰等项目的训练中，可由摩托车带着挡板领骑，或利用风力进行顺风骑、顺风滑、顺风跑、顺水游泳等。还可以利用下坡跑、下坡骑自行车等来提高运动员高速运动的感觉能力，也可在训练中引入速度可控的外部力量，如牵引跑和高架牵引机等。还可采用助力来减轻运动员体重，以帮助运动员提高完成某一技术环节的动作速度。在使用助力时，应注意掌握好助力的时机和用力的大小。最好在助力的同时用语言加以刺激，让运动员能很好地体会和感觉到助力。另外，在负重练习中，减少重量大小，能在普通的条件下促使动作速度不断提高。因为在同一练习中，如果动作结构相同，则能使力量和速度之间产生良好迁移。

（3）负重后效作用法

利用动作加速及器械重量变化而获得的后效作用提高动作速度。例如在跳高训练中，先穿沙背心或沙袋进行负重跳可获得重量减轻后的后效作用；利用下坡跑可获得加速的后效作用；在推标准铅球之前可先用加重铅球做练习而获得重量减轻后的后效作用。利用在大重量动作完成后留下的“惯性”和神经中枢的“剩余兴奋”，提高减重后动作的速度。这种后效作用的产生和练习效果，取决于加重、减重练习交换的比例和次序。在训练中，把加重、标准、减重的动作速度练习组合在一起时，正确的安排顺序为加重→标准→减重。在短跑训练中应该是先上坡跑，然后是水平跑道跑，最后是下坡跑。

（4）完善技术法

动作速度的提高很大程度上取决于运动技术的完善。这是因为动作幅度大小、工作距离长短、工作时间多少、动作的方向、角度及用力部位等都与动作速度大小有着极为密切的关系。

（5）练习难度加大法

加大练习难度可以通过缩小练习完成的空间、时间界限、限制场地活动条件等方式进行。在培养动作速度的过程中，可以限制练习的时间，练习完成的空间，使运动员以最大速度完成动作，从而提高训练效果。此外，在球类和一对一的对抗性项目中，限制场地活动条件和练习时间，还能促使运动员加速移动，并提高运动员完成动作的速度。

2. 动作速度训练的要求

（1）高度重视速度的力学抛射原理

人体运动的高度和远度与腾起（或器械出手）的初速度的平方成正比，这说明速度是决定运动成绩的主要因素。现代运动技术正沿着这个原理的方向不断发展。例如，跳跃从“可控制速度助跑”变成最高速度助跑，投掷则要求最后出手动作尽量快。所以动作速度的训练，必须高度重视速度训练。

（2）专项练习与专项特点、比赛动作相似

实践证明，动作结构不相同的练习，所获得的动作速度向专项中迁移的作用不大（例如，短跑练习能提高体操支撑跳跃的助跑速度，但不可能提高器械上的旋转动作速度）。这是因为动作速度、具体技术和植物性神经系统的活动之间没有必然的联系。快速动作能力只是提高速度水平的前提条件，还需专项的训练把快速动作能力同具体项目结合起来，根据项目特点和技术动作的要求训练感受器官与运动器官的一致性。例如，短跑起跑反应练习应把听觉与双腿用力结合起来；拳击与击剑运动应把眼看对手动作与自己的手臂动作结合起来；球类运动的反应练习应把目测与四肢运动结合起来。这样通过长期反复地专项训练，既可以提高反应速度与动作速度，又可以掌握正确的技术，有了正确的技术，才能更好地发挥速度能力。协调机制相似的练习，所获得的速度就会向专项中迁移。如在短跑中获得的速度，可以迁移到跳跃的助跑起跳和投掷的蹬腿动作上；在篮球的快速运球与传球练习中所获得的速度，可迁移到突破上篮与快攻中去。因此，采用专项特点及比赛动作结构相同、协调机制相似的专项练习，对发展动作速度最为有益。在加大难度的条件下尽可能的快，在简化条件下应该更快，以获得足够的速度储备。

（3）练习的持续时间不宜太长

保持较高的兴奋性，使整个练习接近最后时都不因疲劳而降低，练习的持续时间一般不应超过20秒。另外，安排好练习的间歇时间和休息方式。因为休息间歇的时间决定着中枢神经系统兴奋的恢复及氧债的“偿还”。

（4）熟练掌握练习动作

掌握熟悉练习动作，使运动员在完成练习时，不必把精力用在如何完成动作上，而是集中在完成动作的速度上，以充分提高练习时的动作速度。

四、移动速度的训练

1. 移动速度训练方法

移动速度是一种综合运动能力的表现，与运动员的力量、柔韧、速度耐力和协调性关系密切。发展移动速度可采用以下方法。

（1）发展力量法

短跑运动员经常进行力量训练，但是这种力量训练的目的是为了提高运动员的速度素质，力量训练只是手段，最终目的是把运动员所获得的力量用于提高移动速度。在具体训练过程中应注意以下几点：①通过力量训练，使运动员的力量素质得到较为均衡、全面的发展。②力量训练时，应要求运动员以较快速度重复某一负重的力量练习，使其获得较好的速度力量，以促进移动速度提高。③通过力量训练提高防止运动损伤的能力，尤其对运动员膝、踝关节的力量训练非常重要。④进行基本力量训练时，主要采用40%～60%的强度多次快速重复负重练习，使肌肉力量和肌肉横断面增大。⑤在发展基本力量的同时，应着重发展速度力量，如立定跳远、三级跳远、三级跳箱练习、跳深练习、单足跳下台阶练习以及用最大速度做垂直跳30秒、单足跳30～50米等。

（2）重复法

以一定的速度，多次重复一定距离的练习。它是移动速度训练的最基本方法。采用重复法练习时应注意以下问题。

①练习强度。它是训练负荷的主导因素，也是提高运动员快速移动能力的主要刺激因素。当采用90%～100%的强度进行速度练习时，运动员要高度集中注意力，最大限度地动员肌肉力量，使动作频率快，幅度大，达到最高速度水

平。还可定期采用专门的人工装置，使短跑、游泳、自行车等项目运动员以超过自己最高速度5%～10%的速度进行练习，使运动员以最高强度完成动作并力争适应新的、更高的速度。移动速度训练也不能只局限于最大强度和接近最大强度的练习，在很多情况下往往要采用85%～95%的强度，这样可保持ATP供能，延长训练时间。训练强度应该是变换的，有节奏地变换训练强度，不仅可以提高速度，而且有助于更轻松省力地完成动作，避免动作速度稳定在同一水平上。

②练习持续时间。每次练习的持续时间不能太长，应保持在30秒以内。最低持续时间应从起动到加快至最高速度所需的时间。如果持续时间过短，则未能达到最大速度。较长的练习持续时间有助于提高无氧耐力，但由于工作能力降低，一般不能保持最大速度。在20秒以内的短时间练习时，人体无氧代谢主要靠ATP和CP直接分解供能，所以不会出现工作能力过分降低的现象。当疲劳出现，工作能力下降，不能继续保持最大速度时，则应停止练习。

③练习重复次数与组数。移动速度训练消耗的总能量比耐力训练低，但单位时间的耗能量极高，这也是移动速度训练时运动员很快出现疲劳的原因。因此，练习的重复次数不应过多，为保证训练时间，可适当增加练习组数。即通过较多的练习组数，保证训练的总时间。

④间歇时间。应以运动员机体相对得到完全恢复为原则，使运动员在下一次练习开始时，中枢神经系统恢复兴奋性。如间歇时间过短，机体的疲劳没有消除，高能物质没有恢复，导致下次练习的强度下降。练习的持续时间长，则休息时间也应相对地久一些。从训练实践看，练习持续时间为5～10秒，各次练习间休息1～2分钟，组间休息2～5分钟；若练习持续时间为10～15秒，各次练习间休息3～5分钟，组间休息10～20分钟，休息时可采用放松慢跑，各种伸展练习，按摩等恢复手段，为完成后续练习创造适宜的条件。

（3）综合性练习法

即把发展体能素质和改进技术结合起来训练的方法。

①肌肉建设性训练。主要采用40%～60%强度多次重复负重练习，使肌肉力量和肌肉横截面持续增大。

②肌肉内协调性训练。使肌肉用力时能够最大限度地动员更多的肌纤维同时强力收缩。

③“金字塔式”训练法。即肌肉建设性和肌肉内协调性两者兼顾的训练。

④柔韧素质训练。经常采用发展髋关节柔韧性的屈体手触地、弓步肩后仰、转髋走，胶皮带抬腿送髋等练习，对移动速度的提高具有积极作用。

⑤改进技术法。移动速度的提高在很大程度上取决于完善的技术。正确合理的技术，善于轻松协调地完成动作，没有多余的肌肉紧张，才能充分发挥已有速度水平。

（4）发展步频步长的领先装置法

步频和步长是影响移动速度的两个主要因素，只有高步频和大步长相结合才能表现出高水平的移动速度。

（5）比赛法

比赛法是速度训练中经常采用的方法。采用比赛法能促使运动员情绪高涨，表现出最大速度的可能性就会增加。通过比速度、比技术、比成绩等，可以起到激励斗志，鼓舞情绪的作用。在比赛的条件下，往往能比平时更快地做出反应，完成快速移动。

2. 移动速度训练的要求

（1）要防止和克服“速度障碍”

移动速度提高到一定水平时，由于神经—肌肉系统等发展到一个高峰，训练中长期形成的频率、步幅、节奏、技术等都达到一个相对稳定的状态，移动速度就会出现停滞现象，从而出现“速度障碍”。原因可能是：从技能动力定型来讲，使得运动员在已掌握技术动作的空间、时间特征上稳定下来；从技能形成的机制上讲，神经过程的灵活性对速度性练习的作用也趋于稳定；从能量供给上讲，肌肉收缩所需要的能量值趋于稳定；从运动学上讲，运动员向前移动所克服的阻力趋于稳定。

为了防止速度障碍，打破速度障碍，训练中应注意以下几点。

①年轻运动员应加强全面体能训练，提高全面身体素质水平，使运动员掌握好基本技术，扩大体能，不要急于过早过细地进行专项化训练。

②训练手段应多样化，可多采用一些发展速度力量的练习手段，并以不同的频率和节奏完成动作，建立中枢神经系统灵活多样的条件反射。

③发展肌肉力量与弹性，培养运动员轻松协调地完成动作的意识。

④极限速度训练时，应科学地规定运动负荷，练习后，应使肌肉得到放松，这不仅有利于尽快恢复工作能力，也有利于肌纤维协调工作。

⑤减少外部阻力练习。速度障碍一旦形成，如果仍采用同样的训练方法而不增加新的刺激，移动速度就很难提高。目前突破速度障碍的最有效方法就是减少外部阻力的练习，如下坡跑、牵引跑、顺风跑等。

（2）要预防和克服心理障碍

心理障碍是运动员发展快速移动能力潜力的最大障碍之一。如认为自己的成绩已达到较高水平，再也不能提高了；或觉得要战胜某位著名的短跑名将是不可能的事；或认为自己要创造纪录已经无希望等。要克服心理障碍，首先要培养运动员竭尽全力顽强拼搏，奋勇进取的勇敢精神和对于可能达到的目的坚定不移的自信心。其次，可以在训练中经常安排或有意识地参加接力跑、集体游戏等练习，促使运动员在练习中发挥快速移动能力。最后，在训练中可以广泛采用比赛法，通过比速度、比成绩、比技术，激励运动员高昂的情绪和斗志，使运动员在比赛条件下更快地发挥速度水平。

（3）应充分重视肌肉放松的重要作用

肌肉放松对速度的提高具有极为重要的作用。肌肉放松，张弛有度，就能减少肌肉本身的内阻力，增大肌肉合力，使血液循环旺盛。生理学的研究成果证明：肌肉紧张度达到60%～80%，血液流动就会严重受阻，动作就会失去协调性，已有的快速能力将无从发挥；而肌肉放松时，肌肉中血液流动情况大为改善，比紧张时提高15～16倍。由于血液循环旺盛，就能给参加活动的肌肉输送大量氧气，加快ATP再合成速度，并能节省能源物质，使机体储备有限的ATP得到合理利用，还可增加肌肉收缩前的长度。

第三节 速度训练项目

速度训练主要指发展反应速度、动作速度、移动速度的练习。这些练习都可分为无器械练习、器械练习和组合练习三类。

一、发展反应速度的技术动作

反应速度与注意力的集中程度有关。发展反应速度以采用多种强度的信号刺激为宜，并且重复次数不宜过多，应以运动员的兴奋性不降低为原则。以下练习动作不仅能有效地发展反应速度，而且对动作速度和移动速度的提高也有积极作用。

1. 无器械练习

①站立式起跑。按站立式起跑要求，听口令迅速起动跑出10～20米。此练习也可采用半蹲式起跑进行。练习3组，每组3次。

②两手撑地，按蹲踞式起跑动作做好起跑准备，两腿交叉成弓步，听口令快速起动跑出；或两腿做弓步交换练习时，听口令快速起跑，跑出距离10～20米。练习3组，每组3次。

③背向蹲立变向起跑。听口令后迅速转体成蹲踞式起跑，接疾跑20～30米。转体迅速，起跑符合技术规范。练习3组，每组3次。

④仰卧起跑。仰卧于垫上，听口令后迅速转体成俯撑后做蹲踞式起跑接疾跑20米。动作迅速，起跑符合规范，可计时。练习3组，每组3次。

⑤前滚翻起跑。站立，听口令后做前滚翻于垫上，接蹲踞式跑20～30米。动作迅速，蹲踞式起跑符合技术规范，可计时。练习3组，每组3次。

⑥起跑接后蹬跑。蹲踞式姿势准备，听口令立即起跑接做后蹬跑20～30米。要求起跑快，后蹬跑技术准确。

⑦高抬腿接跑。原地高抬腿练习，听口令后迅速起动跑出10～15米。

⑧倒退跑接疾跑。听口令开始做倒退跑5～10米，再听口令后急停接向前疾跑10米。要求倒退时身体不得后仰，可计时。

⑨30米计时跑。蹲踞式起跑，听到信号后进行全速30米跑，计时。

⑩起跑撞线。蹲踞式起跑，听到信号后疾跑20～30米，接做冲刺撞线动作，可计时。

⑪动作反应练习练习前告诉运动员有多种动作，如蹲下、起立、手触地、跳起等动作。可任意喊其中一个动作，要求运动员作出反应，也可连续喊。可原地练习，也可在行进间练习。

⑫反向练习。教练员喊蹲下，运动员应站立不动；教练员喊向左转，运动员应向右转。

2. 器械练习

①高抬腿跳绳站立。两手持绳，听口令后做快速原地高抬腿跳绳。要求保持正确的高抬腿跑技术，连续进行10～20秒，计数。

②小步跑跳绳站立。两手持绳，听口令后做向前快速小步跑跳绳，连续进行10～20秒。要求保持小步跑技术动作，手脚配合协调一致。

③捆沙腿高抬腿跑。两腿分别捆绑沙腿，开始慢跑，听口令后做原地快速高抬腿跑20秒。要求大腿高抬到一定高度，符合技术要求，计数。

④捆沙腿加速跑。两腿分别捆绑沙腿，由慢跑开始，听口令做加速跑20～30米，行走返回，练习3组，每组3次。计时。

⑤扶肋木后蹬跑。面向肋木站立，身体前倾，两臂伸直扶肋木。听口令后做快后蹬跑。要求后蹬跑技术正确，腿后蹬时与地面保持50°的夹角，连续进行10～20秒为1组，练习3组，每组3次。

⑥扶杆接力。距起跑线6米处一人扶竖立着的标枪或竹杆，听见信号后一人起跑前去扶杆，与此同时扶杆人向回跑至起跑线后拍击第二人手掌，依次连续进行。要求竹杆始终不能倒地。10人1组循环，3个循环为1组，练习3组。

⑦持哑铃高抬腿跑。两手各持一个5千克左右（酌情考虑）的哑铃，听口令后做快速高抬腿跑练习。要求保持高抬腿跑的正确姿势，跑动速度越快越好。连续练习10～20秒为1组，练习3组，每组3次。

3. 组合练习

①卧跳接折回跑。篮板下站立，听口令后纵跳用手触篮板，然后下蹲成仰卧，接着迅速起立，再起手触篮板，连续进行6次。然后迅速冲跑到球场中线，并立即折回跑到端线。练习3组，每组3次。

②小步跑变加速跑。做快频率行进间小步跑10米，听口令后变加速跑20米，然后慢跑到标志物后，做加速跑30米。

③高抬腿接加速跑接变速跑。原地高抬腿5秒钟，听到信号后做加速跑20米，然后惯性跑40米，再接做30米加速跑，循环进行。绕400米场地1周为1组，练习3组。

④高抬腿接加速跑接快速起跳。原地高抬腿5～10秒，听口令后加速跑20米，到起跳板接做快速起跳动作，用腾空步技术落入沙坑。要求速度快，练习3组。

⑤俯卧撑起跑接起跑接冲刺跑。两手撑地，两腿伸直成俯撑姿势。听口令后20个俯卧撑然后迅速起跑，然后做冲刺跑。重复练习3次。

二、发展动作速度的技术动作

发展动作速度时，以最快速度练习效果最佳。为了克服速度障碍，应适当控制最大速度练习。一般以慢→快→最快→快→慢的速度节奏进行练习。此外，提高其他素质（特别是速度力量）的发展对提高动作速度的作用也很大。

1. 无器械练习

①快速完成推倒立、俯卧撑；计时快速完成两头起、背屈伸；计时快速完成引体向上练习；规定距离的快速爬倒立练习。可计时计数。

②纵跳转体练习。原地跳起转体360° 或720° 练习，连续进行10～20次。转体速度要快，可以计时，连续练习3组。

③快速交换跳弓箭步。上体保持直立，原地向上跳起做弓箭步快速交换腿练习。要连续跳动并保持弓箭步姿势。

④快速翻转练习连续毽子接小翻、连续快速侧手翻、连续快速后手翻、后空翻等。要求动作正确，翻转速度快，连续进行。

⑤摆臂练习。摆臂方法和短跑摆臂技术相同，可以击掌或口令控制摆臂速度和节奏，可由慢→快→最快→慢练习。要求严格按短跑摆臂技术进行，注意动作节奏。

⑥跑步冲刺练习。中速跑距离100米，每跑10米做1次终点冲刺动作。要求冲刺速度快，不停顿地连续进行。

2. 器械练习

①投掷沙袋。两脚前后站立，用拇指和食指夹住沙袋，做原地向后引枪动作，然后快速挥臂将沙袋掷出。沙袋重0.5千克，每组练习20次，练习3组。

②脚传沙袋。两人相对站立，两脚夹住沙袋，原地跳起展腹屈小腿将重

0.5千克沙袋传给对方。要求动作协调，摆腿速度越快越好。每组练习20次，练习3组。

③投掷沙袋。投掷手将重0.5千克沙袋直臂置于体后，成引枪姿势，向前行走3步将沙袋快速掷出。要求鞭打和出手速度快。每组练习20次，练习3组。

④快速挥臂。头上方悬吊重沙袋，做原地扣排球动作，快速挥臂拍击沙袋。要求在动作正确情况下，强调挥臂及鞭打速度。每组练习20次，练习3组。

⑤拳击沙袋。两脚前后开立，站于悬挂着的重沙袋前，以最快的速度做直拳拳击沙袋动作。在10～20秒内计算击沙袋次数，重复练习4～6组。

⑥跳推体操棒。两手正握体操棒与肩同宽置胸前，两腿分别快速的交替做前后开立跳，同时推举体操棒。可计数计时。

⑦快速挥臂击球。把球悬吊在距墙1米处，高度因人而异。原地站立，连续挥臂用手掌拍击碰撞反弹回来的球。要求击球时做出鞭打动作，连续击球速度越快越好。每组练习20次，练习3组。

⑧转身起跳击球。将球悬吊在距墙2米处，高度因人而异。原地起跳，用手击球后，空中转体180°落地，接着转身起跳击球。要求再次击球前，吊球只能触墙1次，反复练习。

⑨跑动起跳用头触球。悬吊3个球，高度适宜，间距10米。在快速跑动中单脚起跳用头触球。要求动作协调，起跳速度快，反复练习。

⑩交叉步推铅球。侧对投掷方向，右手持2～5千克铅球于肩部，右腿向左前方迈出，做快速交叉步推铅球练习。要求交叉步的移动速度快，推球出手速度迅猛。每组练习5次，练习3组。

⑪交叉步掷球投掷。手持重0.5千克实心球，加速跑6～10米后变侧交叉步跑3～5米，按掷标枪动作将球掷出。要求助跑节奏清晰，出手速度快。

⑫双手掷球。两脚前后开立成箭步，双手将重2千克实心球举至头后上方，运用腰腹快速摆振和手臂力量将球向前或后掷出。要求出手速度快，每组练习5次，练习3组。

⑬持球往返跑。在相距10米处各置一个实心球。手持实心球，听口令后向前疾跑与地上实心球交换后返回。一个来回为1次，每组练习5次，练习3组。

⑭快速哑铃练习。手持2千克的哑铃，做快速头上双臂屈伸；或快速平推哑铃；或快速持铃挥臂等练习。练习3组。

3. 组合练习

①快速俯卧撑接原地摆臂。站立，听口令开始做快速俯卧撑20次。然后迅速起立，两臂前后摆动50次。要求摆臂幅度适宜，整组练习速度越快越好，也可计时进行。练习3组。

②移动触吊球接扣球。相距6米悬挂两个吊球，一高一低。从一端触低球开始，然后向前行走两步，上步快速挥臂上手扣悬挂在一定高度的吊球。往返触、扣，连续20次。练习3组。

三、发展移动速度的技术动作

提高速度力量水平是发展移动速度的有效途径，不断完善动作技术，消除多余肌紧张，使动作协调克服速度障碍。发展反应速度、动作速度的一些练习对促进移动速度提高也有一定积极作用。下面介绍一些发展移动速度的技术。

1. 无器械练习

①原地摆臂。两脚前后开立，根据口号或击掌声，做有节奏的前后摆臂20秒。要求节奏快、动作有力。

②高抬腿。站立，听口令做原地高抬腿练习20~40秒。要求大腿必须抬至水平位置，积极的摆臂。也可进行高抬腿跑、小步跑变高抬腿、高抬腿变加速跑练习。

③小步跑。按小步跑技术做快频率行进间小步跑20米。要求膝、踝放松，脚积极扒地，两臂协调配合，频率越快越好。也可采用小步跑接后蹬跑、小步跑接加速跑、快步走接小步跑等练习。每组3~4次，练习3~4组。

④后蹬跑。按后蹬跑技术要求做20~50米后蹬跑。要求后蹬跑时摆动腿前抬顶起，蹬地腿蹬直，手臂配合摆动。也可采用起跑接后蹬跑，慢跑变后蹬跑练习。练习2~3组。

⑤车轮跑。按车轮跑技术要求，做行进车轮跑50米。要求高抬大腿，向前将髋带出，落地时积极扒地，频率快。也可采用车轮跑变加速跑，车轮跑变大步跑练习。

⑥直腿跑。按直腿跑技术，跑出时摆动腿伸直，以足跟擦着地面向前摆动。要求动作协调，行进距离20～30米。每组3～4次，练习2～3组。

⑦加速跑。采用上坡加速跑60～80米；蹲踞式或站立式起跑后加速跑20～40米；由慢到快逐渐地匀加速跑60～80米几种方式练习。要求逐渐加速，并高速完成练习。每组3～4次，练习2～3组。

⑧变速跑。采用加速跑→最大速度跑→惯性放松跑→加速跑→逐渐慢跑的方法练习。例如，50米快跑+50米慢跑+50米快跑+50米慢跑等。要求控制跑速，加速明显。

⑨顺风或下坡跑。利用顺风或一定坡度进行60～150米的练习。要求加大步幅，加快步频，反复练习。

⑩上坡跑。利用一定的上坡坡度快速跑。要求动作频率快，后蹬充分，摆动腿高抬。

⑪测验式比赛。采用蹲踞式或站立式起跑，进行60米、100米、200米等距离测验。要求尽全力快跑。

⑫反复跑即数次或多次重复固定距离跑的练习。如采用30米×3、40米×3、50米×3、60米×3或30+40+50+60米的快速短跑练习。由于反复跑强度大，每次练习之间应充分休息。

⑬中等强度跑按中等强度跑400米。要求控制好速度，按规定时间完成练习。

⑭不同强度反复跑如采用70%～100%强度，100～400米反复跑。注意控制好间歇时间，反复练习。

2. 器械练习

①负重高抬腿。两腿分别捆沙袋，开始慢跑，听口令后做原地快速高抬腿跑20秒。要求大腿高抬到水平位，计数。练习3～4组。

②加大难度跑。在跑之前负一定重量进行跳跃练习，然后卸掉重量快跑30～60米距离。要求负重适当，重点是提高步频，同时加大步长。

③穿沙背心上下坡跑。穿沙背心，在坡度为5°～10°的跑道上，进行30米上坡跑后立即转身下坡冲刺跑30米，要求以最快速度完成，计时。沙背心重5～7千克，练习3～5次。

④前后摆小腿。单脚支撑站立，橡皮带一端固定，另一端拴住踝关节，高抬大腿，快速做前后屈伸小腿练习。手可扶物体，摆动速度越快越好，每组30～50次，练习3组。

⑤双人摆臂。两人前后站立，同侧手各握一条橡皮带。两人同时以最快速度和最大幅度做前后摆臂练习。每组50次，练习3组。

⑥手持哑铃的短跑辅助练习。可采用持铃小步跑、持铃后蹬跑、持铃高抬腿跑、接加速跑等练习，哑铃重0.5～2千克，练习时尽量提高速度。重复练习3～6次。

3. 组合练习

①让距接力跑。分成几个组进行60～100米等多种不同距离的让距跑，采用接力让距跑。方法同接力赛，不得犯规。

②组合跑。如采用100米×4+200米×3+300米×2+400米等组合练习。间歇时心率不得低于120次/分，否则应继续练习。

③踏标记跑接拍踝跨步跳。在跑道上放20块颜色醒目的标志桶，距离根据需要确定。站立起跑，以最快速度完成脚踏标记。要求脚踏标记准确，重复练习4次。然后做快速拍踝跨步跳，每次腾空时同侧手拍打摆动腿外踝部。每组5次，练习3组。

④快节奏跑接加速跑→跨步跳。原地快节奏跑10～15秒，听到信号后立即加速并以最快速度跑到规定的标志线，然后做快节奏跨步跳10～15步。重复练习3～5组。

第五章　耐力素质训练

第一节　耐力素质概念

一、耐力的概念

耐力是指有机体在较长的时间内，保持特定强度负荷或动作质量的能力，是人体基本的体能素质之一。耐力对人的生活能力及运动能力均有重要的影响。人体耐力的提高，总是伴随着内脏器官，首先是心血管系统功能的提高，以及有氧代谢能力的改善。同时，还表现为人体的骨骼肌和关节韧带等运动装置能够承受更长时间的负荷，以及在心理上对于克服长时间工作所产生的疲劳，亦有较为充分的准备。在竞技体育领域中，耐力在不同的竞技运动项目中有着不同的作用。如球类、自行车、滑雪、赛艇、铁人三项、登山和田径运动的中长跑、竞走等项目，技术水平的提高和比赛成绩的获得往往取决于耐力水平的提高。马拉松比赛更是耐力水平的较量。现代全攻全守型阵式的足球比赛中，一个运动员在整场比赛中跑动的距离长达万米以上，没有良好的耐力水平，就无法在这种高强度的竞争和对抗中战胜对手。有些对有氧耐力要求不高的运动项目，如体操、力量训练、跳水等，对专项耐力也有较高要求。良好的耐力还是大负荷训练后加速恢复的重要前提，而体能训练对发展耐力显得更重要。

二、耐力的分类

耐力素质可分为以下多种类型。根据肌肉工作的力学特征，可分为静力性耐力（如射击、射箭）及动力性耐力。根据竞赛及体育活动持续的时间，可分为短时间耐力（短于2分钟）、中等时间耐力（2～8分钟）和长时间耐力（长于8分钟）。根据器官系统的机能，可分为肌肉耐力、心血管耐力。根据参加主要工作的肌群数分为局部耐力（如上、下肢等）、全身耐力。根据耐力对运动员竞技能力的作用，可分为一般耐力与专项耐力。根据供能系统的特点又可分为有氧耐力和无氧耐力。在上述各个分类中，有氧耐力与无氧耐力的分类多用在耐力性竞技项目的训练之中；而一般耐力与专项耐力的分类，多用于大多数耐力运动项目的比赛训练实践中。因此，在这里我们只分别对一般耐力、专项耐力作详细介绍。

1. 一般耐力

一般耐力是运动员在不同项目中表现出专项耐力的基础。不应当把一般耐力与长时间的跑以及有氧代谢练习混为一谈。实质上，一般耐力是各种不同形式的耐力表现的综合，而且对不同的运动专项来说，由于项目特点不同，这种综合也是各不相同的。一般耐力训练的任务，就是要在一般身体训练的过程中有计划地对影响耐力的各个因素进行训练，提高负荷量，并利用素质迁移的效果为发展专项耐力打下坚实的基础。

一般耐力训练与提高心血管、呼吸系统联系紧密。适宜强度，长时间连续工作的能力就是有氧耐力的表现。“有氧耐力”的培养有两个任务：一是提高运动负荷；二是练习效果向专项耐力迁移。在进行一般耐力训练时，应当充分考虑到专项中各种影响耐力的因素的比例，如运动员实际的训练水平、不同阶段内负荷的内容和量等因素。

2. 专项耐力

专项耐力是运动员为了获取专项成绩而最大限度动员机能能力克服专项负荷所产生的疲劳的能力。运动员在专项训练和比赛中都要表现出这种能力。由于运动项目的不同，其专项耐力表现具有不同的特点。

（1）长距离、超长距离项目的耐力特点

如马拉松跑、竞走、100千米以上的自行车等，这类项目的耐力在相当大的程度取决于运动员的有氧能力。它们的成绩与运动员有机体的最大需氧量水平以及其他有氧代谢指标有关。这类项目的耐力与其他类项目的耐力比较取决

于供能的节省化程度和合理分配体力的能力。

（2）中等距离类项目的耐力特点

对那些中等距离的项目和那些次极限强度项目（如200米和400米游泳、800米跑）来说，一个重要的特点是，比赛时它们的无氧供能比重可能超过有氧供能或与之相近。这类项目的耐力与运动员的速度、力量素质的关系更紧密。但速度、力量的绝对指标并不能保障这类项目的专项耐力和运动成绩的提高。只有针对这类项目耐力的生理特点作专项性的耐力训练才能取得成效。

（3）短距离类项目（田径的短跑、短距离自行车赛等）的耐力特点

这类项目耐力的特点首先是要有达到动员最大工作强度的能力，力争在最短时间内保持这种最大工作强度完成比赛。这类项目的耐力取决于无氧过程（磷酸原供能→糖酵解供能过程）效率。这类项目在练习过程中，要求精力高度集中。

（4）球类项目的耐力特点

球类项目中的耐力是由下述因素决定的。比赛时动作没有统一的标准，并且动作的方式和数量也比较灵活，事先无法估计。所以这类项目需要有相当大的耐力储备。这类项目一方面由于含有大量极限强度的动作，如加速移动、进攻、防守等，对无氧供能体系提出了相当高的要求；另一方面，由于积极的动作与相应的间歇进行交替，并且总体能消耗量很大，从而对有氧供能系统的要求很高。

（5）全能项目的耐力特点

全能项目的耐力与全能所包括的各项目的耐力体能相关，与个别项目的成绩有关。如果个别项目成绩的取得有困难，全能项目取得高水平成绩就越困难，所以全能项目耐力的培养具有更大的意义。

（6）衡量专项耐力的指标

衡量运动员在专项比赛中的耐力可以用下述几种外部指标：

①通过比赛标准距离的最短时间以及与各段距离的速度比。这就是通常所

说的耐力指数。对绝大多数周期性项目来说都采用这类指标来评定专项能力。

②在比赛过程中保持或合理提高运动积极性的程度。这类指标有：a.在比赛负荷量增加或完成预定的量时，速度的保持程度；b.在标准比赛负荷量的条件下用力强度增长的指标（如田径投掷和跳跃项目中远度增长的指标等）。c.在比赛过程中有效比赛动作数量的保持和增加。例如，在球类一对一对抗项目中动作的数量。

③比赛中动作的技术稳定性。这种指标在技术性复杂的运动项目中特别重要。例如，竞技体操、跳水、花样滑冰等。

专项耐力还可以用完成专项训练练习负荷总量的指标进行判别。例如，田径、游泳、划船训练距离的千米数，举重运动员练习的试举次数及负重总量，体操运动员的重复练习总次数等。对专项耐力来说，只有考虑到练习在比赛或最大限度接近比赛的条件时所表现出来的耐力才最有判别的价值。在平时训练中，可以采用合理的模拟专项比赛来检查专项耐力。专项耐力训练要从比赛和训练两方面考虑。要使运动员在专项训练中承担较比赛更大的专项量和强度，并使身体训练、技术训练和其它各部分训练内容的负荷总量从一个训练阶段到另一个阶段有规律的增长。只有通过专项耐力训练，建立专项耐力储备，才可能在比赛中充分发挥比赛时所需的专项耐力。因此专项耐力训练的任务在于利用专项训练来发展专项耐力，建立稳定的比赛能力。

三、影响耐力提高的因素

耐力与运动员其他方面的素质有密切联系，它是一种多因素的能力。影响耐力提高的因素除了先天性的身体组织结构，如红白肌纤维的组成比例外，还与以下因素有关。

1. 运动员的个性心理特征

运动员的运动动机、兴趣、心理稳定性、努力程度、毅力以及其他的意志品质都会直接影响耐力。

2. 运动时能量获得能力

机体活动时能量供应与获得能力，包含运动员的能量储备、供能速度和补偿速度等对耐力也有很大影响。

3. 机能的稳定性

机体机能稳定性可以使有机体各个系统在疲劳发展、内环境产生变化时，机能积极性仍然保持在必要的水平上。

4. 供能节省化

供能节省化主要反映在随着训练水平的提高，单位工作时间中能量消耗的减少；身体协调的完善可以减少不必要的能量消耗；力量合理的分配则可提高能量的利用程度和效率。这些都直接决定了体能储备的利用率。

5. 遗传因素

遗传对有氧耐力影响甚大。最大摄氧量（决定耐力素质的主要因素之一）的93%取决于遗传因素，后天训练只能提高7%。

6. 中枢神经系统的功能

中枢神经系统通过交感神经对肌肉、内脏、各个神经中枢起到适应与协调作用，有助于提高肌肉活动的耐力水平；中枢神经系统通过体液的调节（神经—体液调节）肾上腺素、肾上腺皮质激素的分泌，增加心血管系统、肌肉的工作能力来提高耐力水平；耐力训练促进中枢神经系统长时间保持兴奋—抑制的节律性转换维持长时间工作能力。

此外，年龄、性别、后天环境因素及运动水平对耐力素质均有不同程度的影响。

第二节　耐力训练方法

项目不同对耐力发展水平的要求也就不同。运动训练中最有意义的是有氧耐力、无氧耐力、一般耐力和专项耐力的训练。下面分别阐述。

一、有氧耐力的训练

运动员有氧耐力的发展水平取决于三方面的因素：第一，耐力运动中能源物质的储存；第二，各运动系统产生ATP的有氧代谢能力；第三，肌肉、关节、韧带等支撑运动器官对长时间耐力工作的承受能力。因此，通过提高运动员的摄氧、输氧及用氧能力，保持体内适宜的糖原和脂肪的储存量以及提高肌肉、关节、韧带等支撑运动器官对长时间负荷的承受能力，是发展有氧耐力的基本途径。有氧耐力训练能产生如下效果：肌肉更适应耐力负荷；改善肋间肌肉和膈式呼吸器官的功能；提高肺部功能；增加血液供给；扩大血管弹性；增加肌肉周围毛细血管数量；减少身体脂肪百分比；增大心搏量。对于那些需要长时间活动的运动项目如马拉松、长距离跑、自行车、游泳等，加强有氧耐力训练极为重要。

1. 有氧耐力指标——最大摄氧量

①最大摄氧量是保持运动员有氧耐力和一般耐力代谢活动的重要基础。最大摄氧量是反映运动员有氧耐力水平的主要标志。运动员有氧耐力的高低取决于最大摄氧量的大小。我国优秀中长跑运动员的最大摄氧量可达75毫升/（千克·分）左右，世界水平的运动员可达80毫升/（千克·分）以上，最大摄氧量实际上就是指运动时每分钟能够吸入并被身体利用的氧的最大数量。其表达式如下：

最大摄氧量=（肺通气量×从血液中摄氧量）的最大值

最大摄氧量=（最大心输出量×动静肺氧差）的最大值

最大摄氧量是心、肺直到末梢的一种全面的呼吸循环机能的综合指标。一般人的最大摄氧量为2～3升/分，运动员可达4～6升/分，这一数值取决于运动员的呼吸系统和循环系统的机能以及血液中血红蛋白的数量和肌肉的有氧代谢能力等因素。

②最大摄氧量与专项耐力成绩的关系。一个未经训练的人在进行剧烈活动时，每升输出的血液中大约含0.16升氧，如果此人每分钟最大输出血量为20升，则最大摄氧量为0.16×20=3.2升/分。经过训练者，每升输出的血中含0.17

升氧，则最大摄氧量为0.17×20=3.4升/分。如果要达到某些耐力项目的优秀运动员最大摄氧量6.2升/分的水平，则每分钟需要输出血液36.4升（即0.17×36.4=6.2升/分）。心输出量=心率×每搏输出量。运动员特别是耐力项目的优秀运动员最高心率往往低于常人，所以，要提高心输出量只有提高每搏输出量。假如一个人最高心率为200次/分，每搏输出量为100毫升，则每分钟最大输出血量为20升，而要把每分钟输出血量提高到36.4升，就要把每搏输出量提高到182毫升（36.4×1000÷200=182毫升）。提高每搏输出量有两个途径：心脏收缩尽力排空心室内血液；提高心脏收缩后的恢复能力，使每搏输出量提高10～20毫升是可能的。要使每搏输出量提高更多，就必须增大心腔体积。所以，要提高运动员每搏输出量，就应训练使其心腔体积增大。

正常男子的心脏容量为700～800毫升。心脏容量长跑运动员>一般运动员>一般成人。耐力性项目优秀运动员的最大摄氧量较其他项目高。男子平均为5.75升/分，女子为3.6升/分。世界著名的肯尼亚中长跑运动员凯诺的最大摄氧量为5.5升/分，美国的赖恩为5.6升/分。由于每个人身材高矮不一样，所以，按每千克体重计算出的最大摄氧量更能反映其有氧耐力水平。例如，日本优秀马拉松选手宇佐美最大摄氧量只有4.9升/分，但若按每千克体重计算最大摄氧量，却达到83毫升/（千克·分）的极高水平。法国的罗郎德赛尔认为，男运动员最大摄氧量要超过80毫升/（千克·分），才能达到耐力项目比赛中的国际水平。

③最大摄氧量的可训练性。据研究，5000米跑的成绩要达到13分20秒，途中每分吸氧量必须保持在5.0升的水平（相当于最大摄氧量的90%～95%），最大摄氧量就应达到6.2～6.4升/分。为此，肺通气量须达130～160升/分，心率180～200次/分，每分钟心输出量达35～40升/分，即呼吸—循环机能须达到极高的水平。米切尔（Michael）等人对不同训练水平的运动员和一般锻炼者训练前后最大摄氧量的增加情况进行统计，发现加最多者为43%，年龄越小或年龄越大者增加越少或几乎没有增加，平均增加18.96%。也有学者研究发现，最大摄氧量遗传度为93.4%，即受遗传因素影响极大。这些研究都表明，耐力项目的训练科学选材很重要，而且还发现11～12岁时进行选材最为合适。

2. 有氧耐力训练参数

①负荷强度。单纯发展有氧耐力水平的训练强度相对要小，训练强度应

低于最大速度的70%，并以有氧系统供能为主。强度可通过完成一定距离的时间、速度、心率来评定。如以心率控制负荷强度，对一般运动员可控制在140～160次/分，对训练有素的运动员可控制在150～170次/分。根据这个强度进行长时间工作，可使有氧系统供能得到改善，心肺系统的机能水平、肌肉供血和利用氧的能力得到提高。计算发展有氧耐力的适宜心率公式为：

目标心率≈安静心率+（最大心率–安静心率）×70%

心率控制在这个水平，可使心血输出量增加，吸氧量达到最大值的80%左右。训练结果还可使心脏容量增大，有利于促进骨骼肌、心肌的毛细血管增生。如负荷强度超过此限度，心率达170次/分以上，就要产生氧债，从而使训练向无氧方向转化。如训练强度低于此限度，心率在150次/分以下，则不能有效地提高有氧能力。但为了有效地提高专项耐力，有时穿插无氧性质的练习，即在短时间里加大训练强度，使心率达180次/分以上，这会刺激机体的最大摄氧量和心输出量出现即刻增加的短时训练适应，这对提高运动员呼吸能力和改善循环系统是一个良好刺激，有利于提高机体输送氧气的能力，有利于提高有氧耐力水平。

②无氧阈。每个运动员都有一个随着运动能力的提高而变化的合理负荷范围。其中，负荷强度要时时与每个人的竞技能力相一致，过低过高都会影响练习效果。所以寻找适宜的负荷范围就显得更加重要。国内外有关“无氧阈”的研究，为探讨有氧负荷的最佳化提供了科学依据。无氧阈是指人体在逐渐增加工作强度时，由有氧代谢供能为主到无氧代谢供能为主的临界点，常以血乳酸含量达到0.004摩尔/升时所对应的强度（即最大摄氧量的百分比）。超过这个阈值，血乳酸浓度将急剧增加。用无氧阈强度训练更有利于提高运动成绩。

在径赛项目的训练实践中，往往又把运动员血乳酸值在36毫克时的跑速确定为无氧阈速度。在无氧阈以下的跑速进行不间断持续跑是发展有氧能力的主要训练手段。无氧阈确定后，可采用无氧阈速度的70%～90%来发展有氧耐力水平。

③有氧—无氧混合训练。有氧—无氧混合训练是指把有氧代谢和无氧代谢结合起来进行训练。例如，快跑阶段时心率为27～28次/10秒，而慢跑阶段时心率为24～26次/10秒。这种训练手段对提高耐力项目的最大有氧能力非常有效。过去有氧—无氧混合训练量的比重只占总量的20%，而现在达到60%～70%，这就是现在中长距离跑、游泳的成绩与过去相比有大幅度提高的

主要原因之一。

④持续时间。训练持续时间应根据专项特点、运动员的需要以及不同训练阶段的要求进行安排。为了提高比赛开始阶段发挥作用的无氧耐力，可采用60～90秒的训练持续时间，为了提高有氧耐力，则必须多次重复10～20分钟甚至两个小时的持续负荷。只有坚持较多的训练时间，才能使全身血量和红血球增加，提高每搏输出量，达到发展有氧耐力的目的。

⑤重复次数。重复次数应根据维持高水平氧耗的能力来确定。如果不能维持高水平氧耗，有氧系统就不能满足能量需要。这样会导致无氧系统供能，使疲劳较早发生。心率是反映运动员疲劳状况的有效指标。若重复同等强度负荷时的心率增加，说明疲劳发生。一旦心率超过180次/分，心脏的收缩能力就会降低，导致负荷肌肉的供氧不足，这时就应减少重复次数并调整训练计划。

⑥间歇时间。间歇时间是在运动员机体尚未完全恢复再进行下一次的练习的休息时间。有氧耐力训练的间歇时间一般不能超过4分钟，间歇时间过长，就会出现毛细血管收缩，从而引起后面运动的最初几分钟血液受阻。为了控制好间歇时间，可采用测量心率的方法进行控制。即当运动员心率恢复到120～130次/分时，就应该进行下一次练习。这样运动员在休息时可摄取大量氧气，使整个练习与间歇时的摄氧量都保持在一个较高水平上，也使心搏量保持在一定水平，从而实现对运动员呼吸和心血管系统不间断的刺激。另外，在间歇时间内，为了促进机体恢复，走或跑都是积极的休息方式。

3. 有氧耐力训练方法

由于有氧耐力水平高低取决于最大摄氧量的大小，而最大摄氧量的数值实际上又标志着人体吸进氧、运输氧及利用氧的能力。所以，凡能迅速有效地提高运动员上述机能的训练方法都属于有氧训练的范畴。目前，国内外广泛采用的发展有氧耐力的训练方法主要有持续负荷法、间断负荷法和高原训练法。高原训练法在甘肃比较成熟，因为兰州地处亚高原，有很好的高原训练基地，同时又毗邻青海多巴国家高原训练基地，所以对发展耐力体能极为有利。

（1）持续负荷法

持续负荷法不但能提高有氧能力，还能稳定和巩固技术动作（如速度滑冰、游泳、划艇、赛艇等）。持续负荷法的特点是负荷量大、没有间歇。大多数有氧耐力的项目如中长跑、马拉松跑、速度滑冰、游泳、赛艇等都可以采用这种方法。持续负荷法根据速度是否变化又分为匀速训练法和变速训练法（即法特莱克训练法）两种。采用持续负荷法训练时，每次负荷的时间不应少于30分钟。对有一定训练水平的运动员负荷时间可以达到60～120分钟（如跑、划船、竞走）。有些项目如公路自行车、50千米滑雪，负荷时间还可以更长些。训练强度控制在心率每分钟150～170次。

（2）间断负荷法

间断负荷法又分为间歇训练法和重复训练法，其主要特征如下。

①间歇训练法是一种采用各种强度重复刺激，并安排间歇时间，不完全休息的训练方法。这种方法对发展耐力水平非常有效。训练时，间歇时间主要根据心率确定，并不要求运动员达到充分恢复。重复间歇训练可根据时间或距离确定。为了使训练效果更好，可配合使用三种间歇训练：第一种是短距离间歇训练，持续练习15～90秒，主要发展无氧耐力；第二种是中距离间歇训练，持续练习90秒至8分钟，可发展两种供能系统；第三种是长距离间歇训练，持续8～15分钟，主要发展有氧耐力。间歇训练的主要影响因素有强度、负荷量、持续时间、间歇时间、休息方式、练习组合等。

强度。短、中距离训练心率应达到170～180次/分。长距离训练心率也应达到160～170次/分。只有用较大强度训练才能有效提高心脏功能，发展有氧耐力。强度过低（心率130次/分以下）或过高（心率180次/分以上）都不能有效地达到训练目的。

负荷量。负荷数量一般以距离和时间来表示。一次练习负荷的数量不要过多，若一次练习负荷数量多，会导致工作强度下降，不利于心脏功能的提高。

持续时间。训练持续时间可根据训练任务和运动员本身情况确定。每一次练习的持续时间，可分别为15～90秒、2～8分钟、8～15分钟等。在训练中采用较多的是60～90秒，但整体练习持续时间应尽可能延长，并保持在半小时以上。只有这样才能提高利用氧的能力及心脏的潜在功能，并有利于意志品质的培养。

间歇时间。为了不间断的刺激运动员吸呼和心血管系统，要求运动员机体尚未完全恢复时进行下一次练习，主要以心率来控制间歇时间（心率恢复到120～140次/分）。这样可使运动员在整个练习过程中的摄氧量和心搏量都保持在较高的水平上。

休息方式。采用积极的休息方式（如慢跑，走动），以对肌肉中的毛细血管起到“按摩作用”，使血液尽快流回心脏，再重新分配到全身，以利于下一次练习。

练习组合。采用间歇训练法发展有氧耐力一般有两种组织方式。一种是分段练习，即以练习的次数与组数安排训练。另一种是以连续间歇的方式安排练习。

②重复训练法。重复训练法在发展有氧耐力的同时，还能发展专项耐力。练习距离可长于或短于比赛距离。负荷强度比间歇训练法大。每次练习应等到完全恢复以后，再重复进行。较长时间的重复训练对有氧耐力要求很高，因为重复训练的速度非常接近比赛时的速度。相反，较短时间的重复训练则要求无氧耐力。采用重复训练法练习时，整个负荷量可以为4～8个比赛距离，休息间歇可根据重复的距离和强度安排5～10分钟。

（3）高原训练法

高原训练是在高原缺氧的条件下训练。由于机体在缺氧条件下的应激作用，能促进红血球和血色素提高，血乳酸可达到平原训练时不能达到的水平，从而提高了机体无氧糖酵解和抵抗酸性物质的能力。因此，在高原训练效应期间有助于提高比赛成绩。许多专家认为，海拔1800～2700米是高原训练的有效高度，而2300米为理想高度。目前，有的项目为了模拟高原低氧训练环境，提高专项成绩，模拟高原实验室进行训练。

高原训练的重要作用主要在于以下几方面：第一，高原训练能提高有氧代谢能力以及与有氧代谢和无氧代谢有关的综合能力，使心血管系统和呼吸系统的水平明显提高，毛细血管变粗，组织供氧状况改善。高原训练的研究结果表明，最大摄氧量提高，最大摄氧量的利用率降低，肺活量增加，能量消耗降低，心脏每搏动1次所获得的氧气量增加，运动员机体氧运输系统效率得到明显改善。第二，高原训练能促进红血球、血色素上升。在高原的效应期内比赛创造了优异成绩。第三，高原训练能增强肌细胞的新陈代谢能力和机体机能的无氧供能能力，提高承受高乳酸负荷的耐受力。

目前，高原训练不仅在中长跑、马拉松、游泳、滑雪、自行车等耐力项目中得到了比较广泛的应用，而且在一些非耐力项目训练中也开始采用高原训练。采用高原训练法应注意以下问题：第一，高原训练效果与上山前的准备、下山后的赛前训练安排密切相关。因此，上山前应进行充分的有氧能力训练和准备，下山后的赛前训练应进行合理地安排，以取得最佳成绩。第二，应根据各个项目的特点，系统、合理地安排。第三，应十分注意预防伤病，并应对运动员的身体机能状况进行全面地同步综合观察和测试。第四，应有良好的恢复措施，以加速消除训练后的疲劳。第五，高原训练和平原训练相结合，训练效果更佳，成绩提高更快。

总之，除了上述氧耐力的训练方法外，负重训练法、越野训练法、丘坡训练法、循环训练法、12分钟测验法等也是发展有氧耐力的有效方法。

二、无氧耐力的训练

运动员无氧耐力的发展水平主要取决于三个因素：第一是能源物质（ATP、CP、糖原）的储备。第二是无氧代谢能力。在耐力项目中，不同距离竞速项目无氧供能比例不同。无氧供能比例越大，对无氧耐力要求越高。无氧耐力训练时由于欠下大量氧债，血液中可出现极高水平的乳酸，说明无氧耐力训练时主要采用的是无氧糖酵解的供能方式。研究发现，无氧耐力水平越高的运动员耐受乳酸的水平也越高。第三是肌肉、关节、韧带等支撑运动器官长时间大强度工作的承受能力。因此，为了发展无氧耐力水平，必须提高运动员无氧代谢能力，保持运动训练中必需的能源物质储备，这也是发展无氧耐力的主要途径。

无氧耐力在训练实践中又分为乳酸无氧耐力和非乳酸无氧耐力。乳酸无氧耐力的供能机制是糖酵解，非乳酸无氧耐力的供能机制与三磷酸腺苷、磷酸肌酸（ATP、CP）的供能。

1. 乳酸无氧耐力的训练

发展乳酸无氧耐力主要采用间歇训练法和重复训练法，并应注意以下问题。

①强度。比发展有氧耐力的强度大得多，一般应达到本人可以承受的最大强度的80%～90%，心率可达到180～190次/分。练习中必须使机体处于无氧糖酵解状态，并产生乳酸。

②负荷持续时间。负荷持续时间应长于35秒，一般可控制在1～2分钟，若以游泳为训练手段，游程应控制在50～200米；若以跑为训练手段，跑距应控制在300～600米。训练实践证明，乳酸无氧耐力对提高田径中距离跑（800米、1500米）项目极为重要。跑300～600米，特别是400米后，血乳酸值最高可达36毫摩尔/升，所以，采用300～600米训练，对于提高糖酵解能量供应是最适宜的。

③练习次数、组数和间歇时间练习。次数与组数应根据训练水平、跑速、段落长度和组间间歇时间而定。例如，若采用200～400米，则每组可有3～4次重复跑，共练习3～4组，若采用500～600米，则可重复2～3组。每组练习的间歇时间和组间间歇时间应该很短，使之不带有任何有氧代谢性质。总的原则是距离、间歇时间都短。

④练习的顺序。安排练习顺序应先长后短。如先跑短距离（200～300米）再逐渐增长至（500～600米），运动员体内血乳酸浓度不断提高；相反，血乳酸浓度在前2～3个练习已达到最大值，然后随着段落的缩短而降低。因此，为了提高运动员机体迅速动员无氧糖酵解的能力，则应先从长后短，若为了提高有机体长时间维持糖酵解的高度活性，有利于血乳酸累积和训练效应积累，则应采用先短后长的顺序，或采用变速方法。有时可在段落开始用快速跑，中间减速，后面再加速，目的是培养运动员根据比赛环境变换速度的能力，这也是发展糖酵解能力的主要手段。

2. 非乳酸无氧耐力的训练

间歇训练法是发展非乳酸无氧耐力水平的主要训练方法。高原训练法对发展非乳酸无氧耐力也有一定效果。发展非乳酸无氧耐力主要涉及以下因素。

①强度与练习持续时间。主要采用大强度，即采用本人可以承受的最大强度的90%～95%的强度进行练习，以保证机体动用CP能源物质。练习持续时间一般为5～30秒。

②重复次数与组数。重复次数以不降低训练强度为原则。重复次数宜多，如每组4～5次。练习组数应视运动员具体情况而定，对训练水平高的运动员，练习组数可多一些，反之宜少一些。训练中最好采用多组方式，如每组练习3～5次，重复3～5组。

③间歇时间。间歇时间有两种：第一种是短距离（如30～50米）赛跑的间歇安排，间歇时间为50～60秒。这种间歇安排的目的在于保证机体动用CP为能源。第二种是较长距离（如100～150米） 赛跑的间歇安排，时间为2～3分钟。这样做在于保证机体CP通过间歇时间得到尽快恢复。

为了提高非乳酸无氧耐力，一次间歇训练课的总量一般为700～1000米，这样不仅可以提高非乳酸无氧耐力，而且适合发展短跑运动员的速度耐力。采用间歇训练发展非乳酸无氧耐力与发展速度的区别在于：发展非乳酸无氧耐力间歇时间短，并要求在没有恢复的情况下继续下一组高强度练习。

此外，模拟比赛训练法对发展无氧耐力和比赛能力也极为有效。训练开始部分用接近比赛的速度短距离重复快跑；中间部分采用能够提高和完善有氧耐力的距离和速度进行练习；最后部分再次采用短距离高速度练习，以提高最后冲刺能力。最后短距离练习是在疲劳状态下进行的，并再次要求无氧速度耐力发挥作用。模拟比赛训练法的总负荷量、速度、间歇、重复次数等要根据运动员的体能水平和项目特点合理安排。

三、 一般耐力的训练

一般耐力是运动员多种耐力水平的综合表现，是专项耐力的基础，是提高各项目运动成绩的必要前提。一般耐力与有氧耐力密切相关。对于不同的运动项目，一般耐力具有不同的特点。发展一般耐力的主要任务是：有计划地对影响耐力的各个因素进行影响，提高一般耐力体能，建立提高训练负荷量的良好条件，并利用素质迁移的效果为发展专项耐力打好基础。

一般耐力训练与心血管系统、呼吸系统关系紧密。适宜强度、长时间连续工作的能力就是有氧耐力的表现。专项耐力成绩在很大程度上取决于运动员的一般耐力。对那些主要由无氧供能的项目来说，发展有氧耐力也是必需的，有氧耐力对这些项目的影响往往是间接的，需要经过多种间接的适应性联系才会发生作用。因此在发展有氧耐力、促进一般耐力水平发展时，应当充分考虑到专项中各种影响耐力水平的因素，如运动员实际训练水平、不同阶段的负荷特征等。

发展一般耐力的方法有很多，这里着重介绍两种主要方法。

1.“法特莱克”法

“法特莱克”训练法，大家都不陌生。训练时运动员可以充分发挥主观能动性，随自己的意愿进行练习。“法特莱克”训练法就是运动员在自然条件下（如在草地、树林、小丘、小径等地），把快慢跑、间歇跑、重复跑、加速跑和走等练习不规则地混合在一起训练。跑的距离一般为5～15千米，跑的速度、休息时间、练习方式由运动员的身体感觉和训练任务来决定。“法特莱克”训练可以使运动员充满自信，完全主动。练习不需要计时和规定距离，可自由选择地形、速度、距离和路线。因此，可使运动员不受限制地个性化的发展一般耐力体能。

2.循环训练法

循环训练法就是根据训练的具体任务，有目的的制订发展一般耐力有关的练习一套，包括数量、方法和要求的训练计划，使运动员按规定的顺序完成，然后一周一循环或几周一循环。下一个循环训练是在上一个循环对身体刺激留下“痕迹”的基础上进行的，所以，从第二个循环起，每个循环都超过前一个循环的负荷。因此循环训练对改善和提高血液循环系统、呼吸系统的功能具有显著作用，同时还可以使运动员各部位肌肉受到全面的影响，局部肌肉负荷与休息得到交替，运动员的练习兴趣得到提高，故循环训练对促进一般耐力发展具有积极作用。此外，其他各种综合性的速度游戏、轻重量多次数的负重练习等，也是发展一般耐力的有效方法。

四、专项耐力的训练

专项耐力训练是在动作、结构和供能系统方面最大限度接近比赛的专项练习。专项耐力训练的任务是，充分利用专项运动的训练来发展专项耐力，建立必要的专项耐力储备，为比赛打下良好的基础。不同的运动项目对专项耐力的要求不同，不同的运动项目专项耐力的表现具有不同的特点。因此，为了发展专项耐力，就必须根据各个项目的专项特点，选择最适宜的训练方法。

竞速性长距离体能类耐力项目，如长跑、马拉松、竞走、越野滑雪、公路自行车等，运动员专项耐力的要求是以尽可能快的平均速度完成比赛，是高速度耐力项目。这种能力在很大程度上是由运动员的有氧能力决定的，因为这些项目的成绩与运动员有机体的最大需氧量水平以及其他有氧代谢指标有关。因此，必须从发展有氧耐力水平入手，去发展这些项目运动员的专项耐力。

竞速性中距离体能类项目，如田径中距离跑、200~400米游泳等，运动员专项耐力的要求也是以尽可能快的平均速度通过全程。这种专项耐力的重要供能形式为无氧代谢，糖酵解的比重往往超过有氧过程。速度、力量可提高这类项目的专项耐力和运动成绩。对这类项目做有针对性的专项性耐力训练才能取得成效。

竞速性短距离体能类项目，如田径短跑、50~100米游泳、赛场短距离自行车、短距离速滑及短距离赛艇、划船等，运动员专项耐力的要求是以最快的移动速度通过全程。这些项目考查运动员在最短时间以最大工作强度通过比赛距离的能力。因此，无氧代谢能力是决定这类项目专项与专项耐力成绩的重要因素。在练习过程中不仅要发展无氧代谢能力，而且要求运动员注意力高度集中，神经状态稳定，并在复杂条件下控制动作协调性，充分发挥速度能力。

速度力量体能类项目，以最大强度重复完成比赛。例如力量训练运动要求运动员在抓举、挺举各三次试举中一次比一次举起更大的重量，标枪和铁饼选手力求6次试投都达到理想的远度，跳高运动员要在长达数小时的比赛中一次比一次跳得更高。因此，训练内容与手段主要以多次重复完成比赛动作或接近比赛要求的专项练习为主，负荷要求以极限或次极限强度完成。

技能类表现性项目，如体操、武术、跳水、花样游泳、花样滑冰、健美操等，运动员的专项耐力主要表现为以最佳技术重复完成比赛。因此，备赛训练中，就要多次完成成套练习和分解动作。

技能类对抗性项目，如隔网对抗、同场对抗、格斗对抗等，比赛时间较长，运动员专项耐力主要体现在整个比赛过程中表现出最佳技能和体能。一方面，比赛期间动作反应方式和数量广泛，没有统一标准，也不可能事先计算出比赛所承担的负荷量。另一方面，这些项目又有大量极限强度的动作，如加速移动、进攻、击打等，因此对耐力储备和有氧—无氧供能系统的要求极高。为了发展专项耐力，训练中既要安排极限强度的动作练习（如排球的扣球、足球的劲射、格斗的连续击打等），又要注意安排长时间专项动作练习和专项对抗练习。

总之，发展专项耐力必须从比赛和训练两方面考虑，要使运动员在专项训练中承担较比赛更大的专项负荷和强度，使专项负荷量从一个阶段到另一个阶段循序渐进的增长。只有通过专项耐力训练，才能在比赛中充分发挥比赛时所需的专项耐力并创造优异成绩。

第三节　耐力训练项目

一、马拉松训练

马拉松作为耐力项目的典型代表，现在在世界各国兴起。马拉松的科学训练也成为了热门话题，高原地区是进行马拉松训练非常有利的天然环境，高原缺氧和空气稀薄是模拟比赛缺氧和风阻低有利提高跑速的天然有利条件。下面就介绍几种常规的马拉松训练方法。

1. LSD（Long Slow Distance，长距离慢跑）

LSD可以提高耐力、增强心肺能力和循环系统。LSD是适用于任何人的耐力训练方法，一般距离在5～42千米，根据每个人的项目、耐力和速度体能差异适当选择。

对于提高耐力，LSD慢跑训练是很好的选择。对于对抗性项目如篮球、排球、乒乓球、羽毛球、格斗及武术类项目为慢跑半小时为宜，每周一到两次。对于备赛降脂的运动员可以慢跑一小时左右，每周一到两次。以10千米、半马赛事为追求目标的初级跑者，可以慢跑1.5～2小时，每周一到两次，训练两个月后，耐力储备就可以顺利完成10千米、半马比赛。以半马—全程比赛为目标的业余跑者，LSD慢跑时间可以达到2～3.5小时，每周一到两次。在配速一定的情况下，时间是衡量体能耐力的重要标准。有氧运动时间越长，对体能和耐力的要求越高。

训练中切记不要因为顾虑长跑的距离，在训练中加速，从而破坏匀速慢跑训练的节奏，导致疲劳发生。用时间作为训练完成量的尺度，就不会有太多压力。只要偶尔看看表，完全不必计算长跑距离，最好使用跑步手环APP，这样在最后跑完也能知道自己的长跑距离。而且在训练过程中可以听着音乐、故事，避免LSD训练枯燥乏味。

LSD慢跑的心率是训练者最高心率（220-自己的年龄）的70%~85%。马拉松这样的长时间运动，普通人的体内糖分能量储备为2000大卡。一个70多公斤、中等速度的跑者完成一个马拉松大约消耗4000大卡。这里有个2000大卡缺口，而缺少的这一部分能量从哪里来？脂肪，需要燃烧体内220克肥肉来提供2000大卡能量。事实上，脂肪作为人体的“能源储备”组织，是人类进化为了抵抗严寒饥饿而保留下来的生理机制，能维持人体静息状态下的日常生命体征。只有运动30分钟后，能量供给才以脂肪为主。而LSD“慢”跑的训练意义就在于，它能够启动身体燃烧脂肪，让脂肪成为运动能量的强大来源。通过反复、长时间的慢跑训练，身体就会逐步提高脂肪代谢率，适应脂肪供能，机体便能在参加长时间运动时轻松获得能量，而不使体能急剧下降从而中断运动。

一般在比赛前三个月就要进行LSD训练，高原耐力训练建议隔周跑一次长LSD，中间休息周跑短LSD。比如第一周的LSD跑3小时，第二周跑2小时，第三周再跑3小时。距离比赛日还有3周时，进行最后一次长LSD，离比赛日还有两周时进行最后一次短LSD。然后不再进行LSD训练，可以跑跑中等距离节奏跑和减量不减强度的间歇跑来迎接比赛。每次LSD训练前一天最好是休息并补充碳水化合物，LSD训练后休息两天或放松慢跑排酸。追求比赛成绩，不能只进行LSD训练，还要配合速度训练。

2. 马拉松配速训练

马拉松训练不仅要进行耐力训练，速度训练也很重要。这里介绍的方法主要以提高步频为核心，形成高步频习惯，可以做到事半功倍的效果。

（1）配速训练的必要性

马拉松训练多是耐力训练，但如果不进行配速训练的速度训练，只进行慢跑和匀速跑，无论训练多久，永远与好成绩无缘，最多也就是能完赛。换句话说，在比赛中要想取得好成绩，必须重视速度训练的配速训练。

（2）克服低步频习惯

低步频的跑步习惯一旦形成，很难改变。比赛时，速度很难快起来。所以形成高步频的快节奏跑习惯非常重要。高步频和大步幅是提高跑速的关键。

高步频跑步训练能帮助运动员在短时间内完成训练任务。而且高步频的快速训练，能够帮助运动员在需要时具备快速提速能力。其次还要提高步幅，但步幅不能过大，过大会使运动员体力耗费过快，频率变慢，提前疲劳，难以完成比赛。从优秀运动员的训练经验来看，用提高步频来提高跑速的作用远高于提高步幅。优秀运动员步频是每分钟大概是176～190步，每秒大概能跑3步。无论是什么速度，步频基本不变，在42千米的全程马拉松中都保持同一配速，节奏不变，只在加速时提高步幅即可。因为两腿支撑点转换得越快，身体受重力的作用上下位移的距离就越小，腿部推动身体前移肌肉的做功发力就越小，所以跑得就越快。如果想突然加速，那就减小步幅，快速摆动手臂即可。

（3）高步频训练方法

①加快步频训练。一是跑下坡，下坡跑能有效加快步频；二是跑步机快跑。还有平地渐速跑，如50米距离渐渐加速跑反复练习，让腿部肌肉习惯快节奏。三就是速度摆臂训练，加快摆臂速度步频自然就加快了，在速度训练和比赛中都是如此。训练过程中速度可以通过步幅变化放慢，但步频不能降低。

②长跑的配速训练。长跑的配速训练也是一种耐力训练，要求运动员多次快跑训练，而且恢复时间很短。如果配速训练超过比赛配速，那么训练就成了速度训练。在配速训练中，配速要快于比赛配速，就是训练时的速度高于比赛时的速度，此训练法能够增强运动员的速度耐力。主要是提高运动员的力量耐力、速度耐力和乳酸耐受力，以及比赛过程中的能量消耗和神经肌肉协调性的快速恢复能力。

③间歇跑训练法。间歇高步频跑是提高步频的有效方法，直接目的不是在练速度，是在锻炼心脏，增加心脏的输出血量与血液循环速度。很多人以为间歇跑是练速度，但超过间歇训练应有的速度跑达不到应有的效果。短间歇200米或400米，长间歇600米或800米。间歇跑训练是在身体还没有完全恢复时就开始下一组训练。年轻选手休息10至20秒即可。从2至4次练习起，增加到10次。每周一次，避免过劳。长间歇跑训练时间每次应在1.5 至3分钟，才能发挥真正速度耐力。也可把长跑分解成较短距离跑，然后间歇重复训练，使得持续耐力和速度共同得到提高。

④法特莱克训练法。法特莱克是指在不同的地形环境中以不同的速度跑步的训练，渐渐习惯各种配速跑，并根据自己的感觉调整恢复时间。通过法特莱

克训练逐渐适应速度训练。以匀速跑训练开始，放松跑跑几分钟，然后快速但不用全速跑，然后再减速，慢跑恢复体能，往复循环训练。训练中可以改变跑步速度和恢复时间，每次快慢跑训练的间隔时间保持20秒到3分钟之间，自己根据体能训练结合配速训练自行分配。

二、跳跃训练

跳跃耐力不仅在跳高和跳远项目中显得十分重要，在很多竞赛项目中也十分重要，如篮球、排球和羽毛球。在拳击和格斗项目中，跳跃耐力能力也十分重要。在跳跃训练中，教练员也常把速度、爆发力的训练置于首位，这对跳跃项目、篮球、排球和羽毛球竞赛成绩的影响是不言而喻的。但如篮球和羽毛球比赛不可能只跳跃一次，这时候跳跃耐力的作用就凸显出来。尤其像拳击和格斗类项目，保持快速移动的跳跃能力在进攻和防守中就显得很重要。所以跳跃耐力素质训练就显得格外重要。

跳跃项目不仅是技术、速度和爆发力的较量，也是专项能力的较量。如果没有良好的跳跃耐力素质，就难以承受大负荷、高强度的跳跃训练，更难以在紧张激烈的比赛中始终保持充沛的体力和旺盛的斗志。

三、羽毛球训练

羽毛球运动特点决定了它所需要的耐力素质主要是速度耐力，供能形式主要为无氧供能。其中非乳酸性无氧代谢供能占主要地位，并有适当的乳酸性有氧供能。

1. 以无氧代谢能力为主的练习

采用最大强度工作持续时间为5～15秒，以提高乳酸性无氧代谢能力为主的练习，可采用最大强度的85%～90%，工作持续时间为30～60秒。为提高有氧能力，可采用间歇训练法和重复训练法。练习可以是匀速的，也可以是变速的。

①中距离400米、800米跑。

②中长距离1500米、3000米、5000米跑。

③定时跑、6分钟跑、12分钟跑。

④越野跑，距离可根据具体情况而定。

2. 间歇性专项步法练习

采用30秒～1分30秒/组，8～16组，快速，组间休息2～3分钟；3～30分钟/组，1～6组，中速，组间休息2～3分钟，如低重心四角跑，越快越好。

3. 多球练习

采用单项和综合技术，20＋40＋60个球/大组，20、40、60小组间休息15秒，快速，大组间间隔2～3分钟。

4. 发展速度耐力素质的练习

采用各种长距离变速跑练习，如800米变速跑（200米快、200米慢或直道快、弯道慢）或更长距离变速跑练习，如1500米等。

四、格斗训练

以此项目的特征为出发点制定出具有针对性的体能训练计划，才能起到最佳效果，体能意味着一切。先将动作进行分解训练，然后把动作进行整合训练达到整体体能技术增强的目的。

如UFC的5回合比赛，每回合5分钟，回合间休息60秒。UFC格斗体能训练课也针对五个回合训练，训练前有热身，训练后有柔术的抓握力训练。

1. 热身

25米冲刺跑，步行回起点重新开始，重复这个训练5分钟。

开始利用冲刺跑提升心率和使肌纤维兴奋而为进一步的力量训练和爆发力运动做准备。

热身后休息60秒，做简单拉伸，准备正式训练。

2. 训练回合一

主要训练上肢力量和肌肉耐力。

俯卧撑×15次，训练上臂和胸肌。

分腿跳×15次，训练耐力。

平凳臂屈伸×15次，训练三角肌和背肌。

循环训练以上动作，无间歇，5分钟。完成后休息60秒，进行下一回合训练。

3. 训练回合二

主要是全身性训练，目的在于提高训练者在极端状态下发挥动作的能力及抗疲劳能力。该训练由抱扛、击打沙袋开始，目的在于提高全身力量和抱摔能力。接下来根据自身力量推举哑铃、哑铃俯卧撑和俯卧撑站立跳。

抱扛击打沙袋×10次，

哑铃推举×10次，

哑铃俯卧撑×10次，

俯卧撑站立跳×10次起。

循环训练以上动作，无间歇，5分钟。完成后休息60秒，进行下一回合训练。

4. 训练回合三

高强度的循环训练提升心率以提高整个身体的耐受性。

高抬腿跑×20次，

撞膝×10次，

叉腿跳×10次，

厚板交替跳×10次，

厚板交替俯卧撑×10次，

哑铃箭步蹲×10次。

循环训练以上动作，无间歇，5分钟。完成后休息60秒，进行下一回合训练。

5. 训练回合四

负重训练通过有氧和无氧提高有氧耐力和无氧耐力。

负重相扑式深蹲×10次，

举重式深蹲×10次，

三头肌臂屈伸×10次，

顺时针、逆时针头上负重肩绕环×10次，

二头弯举×10次，

肩部推举×10次，

负重弓腰×10次。

循环训练以上动作，无间歇，5分钟。完成后休息60秒，进行下一回合训练。

6. 训练回合五

这是整个训练的最后部分，属于整理运动范畴。该训练主要是为了提高核心力量，提高运动员核心力量使身体在爆发式加速或失去平衡时仍能保持平衡。核心力量对格斗很重要，因为它是平衡和力量的源泉。

实心球相扑深蹲×10次，

大锤砸轮胎×10次，

腹肌轮训练×10次，

拉力带躬身下拉×10次。

循环训练以上动作，无间歇，5分钟。完成后休息1～3分钟，进行抓握力训练。

7. 抓握力训练

抓握力训练可以提高运动员在使用地面技术时的抓握能力，也可提高击打能力。在做引体向上时，运动员可以在专门的小臂训练器训练抓握力，也可用两个或三个手指做引体向上。这些训练都可提高手部肌力。

粗绳引体向上×10次，

小臂训练器×10次。

手捏双杠铃片，用尽可能大的重量坚持尽可能长的时间到力竭。重复抓握力训练的所有动作，做3个循环，每个循环间可休息1～2分钟。

五、足球训练

足球耐力训练中，短跑训练非常重要，这样运动员就可以在比赛中以最快的速度冲刺。也可以用额外的阻力来练习冲刺训练，速度耐力跑这种特殊的训练对于提高运动员快速有效地跨越不同距离的能力非常必要，法特莱克训练是速度耐力跑的一种非常好的方法。

1. 有氧耐力训练

3000米、5000米、8000米等不同距离跑。

定时跑，如12分钟跑。

穿足球鞋长距跑。

100～200米间歇跑，400～800米变速跑。

2. 无氧耐力

30～60米重复多次冲刺跑。

100～400米高强度反复跑。

各种短距追逐跑。

进行5、10、15、20、25米折返跑。

往返冲刺传球。

规定时间进行不同人数抢传练习。

第六章　柔韧素质训练

第一节　柔韧素质概述

一、柔韧的概念

柔韧素质是指人体各个关节的活动幅度以及肌肉、肌腱和韧带等软组织的屈伸能力。柔韧性差的人，会影响动作技能掌握，还会限制力量及速度、协调能力的发挥，也更容易造成肌肉、韧带损伤。在武术、竞技体操、艺术体操、健美操、跳水、花样滑冰、散打、跆拳道等项目中，对运动员的柔韧素质都有很高要求。发展柔韧素质不仅可以加大动作幅度，使动作更加优美、协调，而且能相对加大动作力量，减少受伤。因此，正确地进行柔韧训练，对于提高运动技术水平具有极为重要的意义。柔韧素质包括两个方面的含义，一是关节活动幅度的大小，二是跨过关节的肌肉、肌腱、韧带等软组织的伸展性。关节的活动幅度主要取决于关节本身的装置结构。跨过关节的肌肉、肌腱、韧带等软组织的伸展性，则主要通过合理的训练获得。

它是改进技术和提高运动技术水平的基础。如果柔韧性差，掌握动作技术的过程就变慢，且对某些比赛的关键技术可能很难掌握。关节柔韧性差还会限制力量及速度、协调能力的发挥，使肌肉协调性下降，训练吃力，并影响到其他体能素质的发展，且更容易造成肌肉、韧带损伤。

二、柔韧的分类

从柔韧素质与专项的关系来划分，可分为一般柔韧性与专项柔韧性。一般柔韧性是指为适应一般技能发展所需要的柔韧素质，专项柔韧性是指专项运动的特殊柔韧性。由于专项柔韧性具有较强选择性，因此，同一身体部位具有的柔韧性由于项目的需求不同，在幅度、方向上表现也不同。

柔韧素质从运动状态的表现可分为动力性柔韧性和静力性柔韧性。动力性柔韧性是指肌肉、肌腱、韧带在运动中，拉伸到很大限度的能力，然后利用弹性回缩力来完成动作，所有爆发力前的拉伸均属于动力性柔韧性。静力性柔韧性是指肌肉、肌腱、韧带在静力性动作中，拉伸到动作所需要的位置角度，保持一定时间所表现出的能力，如体操中的控腿、俯平衡动作、桥、劈叉，跳水运动员保持体前屈姿势的能力。

1. 一般柔韧性

是指运动员在进行训练时，为适应这类身体练习，保证一般训练顺利进行所需要的柔韧素质。例如，球类运动员在速度练习时，加大必要的步幅所需要的腿部柔韧性，田径运动员用杠铃进行深蹲练习时，所需要的大腿后群肌肉表现出来的柔韧性。

2. 专项柔韧性

是专项运动技术需要的特殊柔韧性。它建立在一般柔韧性基础上，并由各专项的特点来决定。例如，赛艇运动员需要良好的脊柱、肩和髋关节柔韧性；速滑和赛跑运动员则要求髋、膝、踝关节特别灵活；蝶泳则要求运动员具备肩、腰大幅度的柔韧性；体操运动员为了完成各种器械练习，肩、髋、腰、腿等部位必须表现出大幅度的活动范围。当运动员的柔韧性发展到一定水平时，各关节的运动幅度会超过有效完成动作所要求的程度，这种超出，就是柔韧性“储备”。

3. 主动柔韧性

是指运动员依靠相应关节周围肌群的积极工作，完成大幅度动作的能力。主动柔韧性训练主要训练直接影响柔韧性能力，而且还涉及力量素质的发展，力量素质的发展能促进主动柔韧性水平的提高。

4. 被动柔韧性

是指被动用力时，关节所能达到的最大活动幅度，运动员被动柔韧性的指标一般高于主动柔韧性。被动柔韧性是发展主动柔韧性的基础。

三、影响柔韧提高的因素

1. 肌肉、韧带组织的弹性

肌肉、韧带组织的弹性不仅取决于遗传因素，而且还受性别和年龄的影响，如男子与女子肌肉组成成分不一样，则弹性不一样，一般女子优于男子，弹性随年龄增大而降低。

2. 关节的骨结构及周围组织体积大小

关节的骨结构由遗传因素决定，很难改变。关节的骨结构决定着关节的活动范围。虽然训练可以使骨结构产生部分变化，如关节内软骨形态的变化，但这种变化只局限在关节的骨结构所许可的范围内。关节周围组织体积对关节活动也有限制作用。它一方面受先天遗传的影响，另一方面也受后天训练的影响。经过训练后，这些周围组织体积如肌肉体积会增大，影响周围关节的活动范围，最终影响柔韧素质。

3. 神经系统

肌肉的柔韧性与神经系统兴奋和抑制有关。如中枢神经系统可调节对抗肌之间的协调性，以及肌肉紧张和放松程度。中枢神经系统的兴奋性也会影响肌肉的弹性，如在比赛中保持足够兴奋性可提高肌肉的柔韧性，但有个阈值，过度兴奋反而使肌肉僵硬，柔韧性降低。研究证明，训练水平高的运动员肌肉的随意放松能力之所以很高，是与中枢神经系统支配骨骼肌的神经细胞的抑制深度有关。

4. 心理紧张度

心理紧张度可通过中枢神经系统影响到有机体各部位的工作状况，心理过度紧张会使神经系统过程由兴奋转为抑制，严重影响各肌肉关节的协调能力，从而影响柔韧性。

5. 外部环境的温度和一天内的时间

有研究发现，当训练环境温度在18℃以上时，表现出柔韧性有利，而在18℃以下则不利。除训练环境温度有关外，还与一天内的时间有关，一天内有机体的机能状态随一天内不同的时间而有一定的变化。例如，刚睡醒后柔韧性较差，早晨明显下降，中午比早晨好。

6. 疲劳程度

在疲劳的情况下柔韧性有较大变化，这时主动柔韧性指标下降，而被动的柔韧性指标则提高。

其他因素对柔韧性也有明显的影响，如准备活动充分与否，训练持续时间长短。如训练持续时间超过一小时或非常剧烈，柔韧性会出现下降，所以训练后的积极放松就显得尤为必要。

四、柔韧训练的要求

1. 要控制好柔韧发展的度

在运动活动中，虽然专项对柔韧性往往有较高要求，但一般来说，没有必要使其发展水平达到最大限度，只要保证能顺利完成必要的动作，并有一定的柔韧性“储备”就可以了。如果过分发展柔韧性超过关节的生理学结构限度，会导致关节和韧带变形，影响关节结构的牢固性，甚至会影响运动员的体态。

2. 要兼顾有关联的部位

在有些动作中，柔韧性的发展涉及一个关节或身体部位，有时甚至是几个关节和关联部位。例如，体操中的“桥”，就是由肩、脊柱、髋等部位的关节所决定的。因此，应该对这几个部位都进行发展。如果其中一个部位稍差，就应立即采取措施使其得到改善。另外，也可通过其他部位的有效发展使其得到补偿。这样做可以使各部位的柔韧性得到发展，保证专项运动的需要。

3. 要循序渐进，持之以恒

由于肌肉、韧带等的伸展性并不是一时一刻就能得到提高的，所以练习应逐步提高要求，做到循序渐进。在拉长肌肉时可能会出现疼痛现象，对此要进行具体分析，只能以原有水平作为衡量标准，不能盲目地急于求成。在同伴帮助下进行被动性练习时更应谨慎，以避免肌肉、韧带拉伤。柔韧性发展较快，但停止训练后，肌肉、肌腱、韧带已获得的伸展能力消退也快。因此，柔韧训练要做到系统化、经常化。

4. 要重视项目和个体的差异

柔韧性训练必须根据项目特点和运动员具体情况安排。例如，跳跃项目的运动员主要要求腿部和髋部的柔韧性；游泳运动员主要要求踝关节和躯干柔韧性；体操运动员主要要求肩、髋、腰、腿部的柔韧性。所以，训练时必须根据项目特点确定重点。此外，每个运动员的具体情况不一样，因此训练过程中要区别对待，才能收到良好的训练效果。

五、柔韧训练参数

1. 强度

柔韧训练强度主要反映在动作频率、用力大小和负重量三方面。动作频率不宜太快，应主要采用中等或较慢的频率，因为中等和较慢的频率能延长力对关节的作用时间，避免肌肉和韧带拉伤。借助外力进行被动性练习时，用力程度应逐渐加大，并以运动员主观感觉为根据。强度过大、过猛均容易造成拉伤；强度过小，则不易达到很好发展柔韧性的目的。当运动员感到肌肉酸疼时可以减少点力量，当感觉到肌肉胀痛时可坚持一下，当感到肌肉麻时则应停止训练。采用负重练习发展柔韧性时，除高级运动员外，负重量不能超过被拉长肌肉力量能力所能达到的50%。总之，柔韧训练宜采用中等强度进行。

2. 练习重复次数、组数与持续时间

练习重复次数应根据运动员的年龄、性别、项目特点以及不同发展柔

韧性阶段和保持柔韧性阶段的任务进行安排。女子的重复次数应比男子少10%～15%。练习时每组动作可安排10～15次练习。每组练习的持续时间可保持在6～12秒，摆动动作可达10～15秒，静力性拉伸练习的停留固定时间可控制在15～30秒。

练习的间歇时间取决于动作的持续时间、参加肌肉数量的大小。一般控制在10秒至3分钟之间。确定间歇时间的基本原则是应保证运动员完全恢复。间歇时间一般不能太长，否则降低训练效果。在间歇时，可安排一些肌肉放松练习或自我按摩练习，以便为下一次加大幅度提供更好的训练基础。

第二节　柔韧训练方法

柔韧素质训练的目的是为了提高跨过关节的肌肉、肌腱、韧带等软组织的屈伸性。其伸展能力的提高主要是“力”的拉伸作用的结果。

柔韧素质训练的方法主要有两种，即主动性拉伸练习法和被动性拉伸练习法。这两种练习方法的特点，都是在“力”的拉伸作用下，有节奏地逐渐加大动作幅度，多次重复同一动作练习，使肌肉和韧带组织逐渐地或持续地适应被拉长的刺激。

一、主动拉伸法

主动性拉伸练习是指运动员依靠自己的力量，通过与某关节有关联的肌肉的主动收缩，来增加关节灵活性的方法。它又分为主动动力性拉伸练习和主动静力性拉伸练习两类。

1. 主动动力性拉伸练习

是指运动员依靠自己的力量，将肌肉、肌腱、韧带等软组织拉长，以提高其伸展性的方法。根据完成动作的特点可将其分为：多次的拉伸练习，如两次重复和多次重复的体前屈；摆动的和固定的拉伸练习，如固定支撑点的拉肩；负重和不负重的拉伸练习。

2. 主动静力性拉伸练习

是指运动员在动作最大幅度的情况下，依靠自身肌肉力量保持静止姿势的练习。例如，把杆控腿、体前屈后的静止等。

二、被动拉伸法

被动性拉伸练习法是指依靠外力的作用，促使柔韧性增大的方法。它又分为被动动力性拉伸练习和被动静力性拉伸练习两类。

1. 被动动力性拉伸练习

是指依靠教练员或同伴的助力来拉长韧带、肌肉的练习。例如，依靠同伴的帮助来逐渐提高后举腿的动作幅度。

2. 被动静力性拉伸练习

即由外力来保持固定姿势的练习。例如，依靠同伴的力量来保持体前屈的最大幅度。被动性拉伸练习对于发展主动的柔韧性来说，其效果要比主动性拉伸练习小一些，尤其对被动的静力性拉伸练习来说，更是这样；但它却可以达到更大的被动柔韧性指标。被动柔韧性的最大指标往往又决定主动柔韧性的指标。因此，在训练过程中两者必须兼而有之，对那些柔韧素质要求极高的运动项目来说，被动性拉伸更是不可缺少的。

总之，采用上述方法发展柔韧性时，一是要逐渐增大动作幅度，使动作到位，肌肉尽量被拉长；二是要充分利用肌肉退让工作，使肌肉逐渐地被拉长。

发展柔韧素质的技术动作很多，主要可分为无器械练习、器械练习等多种形式。为了论述方便，下面介绍一些发展柔韧性素质常用的动作。

三、肩部练习技术动作

肩部柔韧练习动作主要有压、拉、吊、转等几种方式。

1. 压肩

①腿站立，体前屈，两手扶同髋高的肋木或双杠，挺胸低头，上半身用

力下压，并上下振动。同伴可帮助压肩，把肩拉开。练习时要求手臂伸直，肩放松。

②背对横马，练习者仰卧在横马上，另一人在后面扶着他的肩下压，压肩由轻到重。

③体前屈，两手后面交叉握、翻腕，向上振动。要求两臂、两腿伸直，幅度由小到大。

2. 拉肩

①背对肋木站立，两臂上举，两手握肋木，抬头挺胸向前拉肩。要求胸部前挺，肩放松，幅度由小到大。

②面对低山羊做手倒立，另一人帮助前倒进行搬肩拉肩。要求手离山羊近一点，幅度由小到大。

3. 吊肩

肋木、单杠悬垂。要求开始可吊起不动，然后摆动，肩放松拉开。

4. 转肩

①单杠收腹举腿，两腿从两臂间穿过，落下后悬垂，又还原做正悬垂。要求后悬垂时沉肩放松。

②单杠悬垂，收腹举腿，两腿从两臂间穿过，落下成后悬垂，松一只手转体360° 成悬垂，然后换另一只手做。

③利用木棍、竹杆、绳子和橡皮带做转肩练习，随着灵活性提高，两手间握距逐步缩短，但要注意两臂同时转，不要先后转肩。要求肩放松，用主动练习和被动练习结合起来转肩。

四、胸部练习技术动作

1. 扶杆拉伸

站在垂直杆侧面，小臂贴杆，同侧腿向前弓箭步挺胸拉伸。

2. 虎伸腰

跪立，手臂前放于地上，胸向下压。要求主动伸臂，挺胸下压。

3. 面墙拉伸

面对墙站立，两臂上举扶墙，抬头挺胸压胸。要求尽量让胸贴墙，幅度由小到大。

4. 后仰拉伸

背对双杠站立，身体后仰，两手握杠使胸挺出。要求充分伸臂，顶背拉肩，挺胸。

五、腰部练习技术动作

1. 甩腰

运动员做体前屈和体后屈的甩腰动作，要求幅度由小到大，充分伸展背和腹肌。

2. 仰卧成桥

仰卧开始，两手反掌于肩后撑垫挺起胸腹，两臂伸直顶肩，拉开肩成桥。也可由同伴帮助，逐步过渡到独立进行。随着训练水平提高，手和脚的距离逐步缩小。练习时要腿伸直，腹部上升，挺胸拉肩。

3. 体前屈

体前屈练习方法很多，这里介绍以几种。

①腿伸直并拢体前屈，两臂在两腿后抱拢，静止不动，停止一定时间。要求胸贴大腿。

②坐垫子上，两腿伸直，同伴助力扶背下压。还可将两腿垫高，增加难

度。要求下压一定时间后，再停留一定时间抱腿。

③分腿站立体前屈，上体在两腿中间继续甩动。要求肘关节甚至头部应该向后伸出。

④运动员坐垫子，两腿分开置于30～40厘米高长凳上，运动员钻入板凳下，教练员两手按其背下压。要求两腿伸直、挺胸、抬头。

⑤运动员面对肋木坐下，臀部与肋木间垫实心球，两臂向上伸直握肋木，教练员在运动员背后半蹲，两手握运动员两足前摆。要求腿要直，不能对抗用力。

六、腿部练习技术动作

腿部柔韧训练，主要发展腿部前、侧、后的各组肌群伸展和迅速收缩的能力，以及髋关节灵活性。腿部柔韧训练主要采用压、开、踢、弹和劈腿等动作方式。

1. 压腿

分前压、侧压和后压三个方向，将腿逐步放高进行练习，练习一定数量后换腿。要求前压时髋正对腿部，侧压和后压将髋展开。

2. 开腿

分前、侧、后三个方向，可由同伴把腿举起加助力按。要求肌肉放松，不要主动对抗用力。

3. 踢腿

可扶杠踢，也可行进中踢，主要有前、侧、后踢腿，练习一定数量后换腿。要求上体正直，踢腿时腿要伸直。

4. 弹腿

先将大腿向上提起控制不动，然后小腿迅速有力地前踢，伸直膝关节。

5. 劈叉

前后劈腿，同伴帮助压后大腿根部。左、右劈腿时应将两脚垫高，自己下压或由同伴扶髋关节下压。

七、踝关节和足背练习技术动作

增强踝关节的柔韧性，可以提高弹跳力，因为小腿腓肠肌和比目鱼肌以及跟腱的韧带拉长后，再收缩就更有力量。足背的柔韧性好，不但可以增加肌肉收缩力量，而且可以使动作姿态更加优美。

①练习者手扶肋木，用前脚掌站在踏板或砖边上，利用自重上下压动，然后在踝关节弯曲角度最大时，停留片刻，以拉长肌肉和韧带。

②练习者跪坐在垫上，利用自重前后移动压足背，也可以将足尖部垫高，使足背悬空做下压动作，这样强度更大一些。

③练习者坐在垫子上，在足尖部上面放置重物，压足背。

八、腕关节和肘关节练习技术动作

1. 腕关节

腕关节由使手屈伸、内收外展及手旋转的关节组成。篮球、排球、乒乓球、羽毛球、网球等项目对手腕的灵活性要求较高，腕关节柔韧性可采用靠墙倒立，重心前后移动的俯撑，以及用左右手掌心相互压左右手四指的连续推压动作进行练习。

2. 肘关节

肘关节是由肱尺关节、桡尺关节、肱桡关节构成。它是由内侧、外侧副韧带及桡骨环状韧带加固。肘关节的运动时屈伸动作较多，所以在发展屈肌力量练习的同时配以屈肌的伸展性练习。主要采用压肘、旋内、旋外、绕环的练习。

第三节　柔韧训练项目

一、羽毛球训练

羽毛球柔韧素质训练可以提高关节肌肉、肌腱、韧带等软组织的伸展能力。羽毛球运动员柔韧性的培养，除了自身条件外，可安排各种器械以及各种增长韧带的伸张练习，重点放在肩关节、膝关节及腰腹部。常用的训练方法：肩绕环、反拉肩、侧拉肩、跑姿压肩，双手互握振臂、体前屈、体后屈、弓步压腿、侧压腿、腰绕环、腰部屈伸，行进间正、侧、后踢腿，前踢腿胯下击掌，纵劈腿，各种花样跳绳、游泳活动等。羽毛球运动员要打出高水平，必须具备良好的身体素质和体力，而良好的身体素质和体力，必须经过系统的全面的身体训练和专项身体训练才能取得。柔韧素质与速度素质密切相关，关节肌肉柔韧性能好，上下肢和躯干动作协调能力强，完成击球技术动作合理，运动速度就快。

柔韧素质训练的基本要求：

①运用主动柔韧性训练与被动柔韧性训练的指标差进行检测。

②柔韧训练要坚持不懈，经常进行。

③掌握柔韧素质发展的最佳程度，以完成羽毛球各项技术要求为限，不必达到最大程度。

④处理好柔韧素质与力量素质的关系，强调肌肉的弹性，保持肌肉的收缩力量。

⑤贯彻循序渐进的原则，协调好拉伸力量的强度、重复次数、练习时间等有关因素的关系，不可用力过猛。

⑥注意柔韧性与温度、时间以及疲劳的关系。

主要训练方法：正面压腿练习、侧面压腿练习、后压腿练习、正向压肩、侧向压肩或背向拉肩、下腰练习、拉跟腱练习、弓箭步跨步练习。

热身活动后进行柔韧素质训练，既能防止拉伤韧带，又能循序渐进地使身体各部位韧带的韧性得到发展。柔韧素质训练也可与力量素质训练配合进行，运动负荷后，肌肉疲劳、僵硬缺乏弹性，此时系统地进行一些柔韧素质训练，将肌肉韧带最大限度地拉长，能改善肌肉状况，有利于身体各部位肌肉、关节和韧带的恢复与发展。

二、压腿训练

1. 训练过程

压腿是武术运动员的必练项目。练习前要做好腰、胯、膝、踝关节、腿等部位肌肉的准备活动，要提高肌肉的温度和降低肌肉黏滞性，以有利于进行柔韧性练习。

①初练时，不宜做强度很大的练习。把腿放在与腰同高的物体上，髋部后坐，臀部要平，支撑腿与地面垂直，膝部挺直，被压腿脚尖向上并有意识地向回勾扣，上身用力向前移动，使被压腿成一直线。脚尖回勾有利于拉长腿部韧带、肌腱、肌肉，上身前移可拉长躯干，特别是脊椎。一条腿压几分钟后，再换另一腿。几天之后，腿部肌肉变得柔软而富有弹性时，可进行下一步。

②被压腿及支撑腿均挺直，双手按压被压腿膝部，收髋使身体尽量向前俯压，以增强膝关节后之窝肌的伸展性。

③双手按被压腿膝部，髋部后坐，上身用力向前下俯压，试着以腹部贴大腿，此步完成后，可进行下一步练习。

④双手由下抱握被压腿小腿，上身用力向前下俯压，试着以腹部贴大腿、以胸部贴膝盖。此步完成后，可进行下一步练习。

⑤被压腿与支撑腿挺直，双手搬住脚掌，腹部贴大腿，胸部贴膝盖，试着以额头碰脚尖。此步完成后，可进行下一步练习。

⑥双手搬住脚掌，腹部贴大腿，胸部贴膝盖，试着用嘴触脚尖。此步完成后，进行下一步。

⑦双手搬住脚掌，依上法，用下颚碰脚尖。此步完成后，说明正压腿已成。

只有这样一步一步地练习，使躯干与腿部形成一一对应，如腹部与大腿、胸与膝、头与脚尖依次对应接触，才可避免躯干与腿之间出现的空。

2. 注意事项

①由轻到重，由低到高。压腿时，身体对腿部韧带、肌腱、肌肉施加压力。初练时，用力要轻，当练习一段时间后可逐渐加重压力；如果一开始就施以重力，也许能坚持一两天，恐怕第三四天连走路也难了。腿放的高度应由低到高。将腿放至与腰同高，压到下颌碰到脚尖时，可把腿放在与胸同高的物体上；再练至下颌碰到脚尖时，可把腿放在与肩同高的物体上，直至把脚放在与头同高的物体上。

②先拉后压，由近及远。初练压腿，因其腿部韧带、肌腱、肌肉伸展性差，猛然用力拉长，不仅徒劳无功，还会使韧带受伤。因此初练时，应先拉长腿部韧带、肌腱、肌肉及脊椎，然后施以振压；振压也要一下一下地进行，不可急于求成。压腿时还要注意躯干与腿部的接触是由近及远的，不要一开始就毫无顾忌地用头硬碰脚尖。

③要意志坚强，持之以恒。进行腿部柔韧性练习，的确枯燥乏味，尤其是练到一定程度，还会有腿、髋部酸痛的感觉，这是练习者出现的类似长跑运动员一样的“疲劳期”，此时最重要的是自己要有坚强的意志，有苦恒之心，不可停歇。因腿功柔韧素质与腿功其它素质比较起来，容易发展，也容易消退。此时应善于自我调整，适当减轻下压力度、幅度，减少压腿时间，或是进行踢腿练习，与压踢结合等。只要坚持下去，酸痛的感觉会逐渐消失，那时你会为自己取得的成绩而感到兴奋。

三、足球训练

①颈前屈、侧屈、后屈并绕环，体前屈、侧屈、后屈并振动。

②前弓步与侧弓步压腿，纵劈腿与横劈腿。

③前踢腿、后踢腿、侧踢腿还有腿绕环。

④站立体前屈下压，或者是靠墙站立体前屈下压。背伸、展腹屈体练习还有腿肌伸展练习。

⑤模仿内外颠球动作，单双腿连续做内翻和外翻练习。模仿内扣还有外扣动作，单腿连续进行内转、外转动作。

⑥两腿交叉的各种跨步、转身动作。

⑦踢球、顶球、抢截球等各种技术动作的模仿练习。

⑧跪压正脚背，上体后仰轻轻振压。还有全脚背着地的俯卧撑练习，关键是能拉长脚背韧带还有小腿前肌群。

⑨模仿和结合球的大幅度振摆腿、铲球、侧身踢凌空球还有倒勾射门等练习。

第七章　灵敏素质训练

第一节　灵敏素质概述

一、灵敏的概念

灵敏性是指在各种突然变换的条件下，不损失身体平衡、力量、速度或身体控制能力，运动员能够迅速、准确、协调地改变身体运动的空间位置和运动方向的能力。灵敏性训练可以确保一名队员发展最佳的进攻和防守技巧，同时发挥出最大速度、控制力，以及减少能量的消耗和不必要的动作。由此看出，灵敏性是一种综合素质，是速度、柔韧、力量等素质的综合反映，因而它是所有对协调、灵活、准确和应变能力有很高要求的运动项目的最重要素质。

灵敏性包括协调性、灵活性和准确性三大基本能力。其中“协调性”是运动技能中的关键能力，它又包括了许多具体能力。它是指运动员有机体各部分活动在时间和空间里相互协调配合，合理有效地完成动作的能力。“灵活性”是指运动员快速转换动作的能力，是与运动员神经过程的灵活性和动作速度、反应速度的好坏有紧密联系。“准确性”是指在完成动作时，运动员在空间、时间和用力特征等方面与运动任务相吻合，以最节省化的程度去准确无误地完成动作的能力。

灵敏对运动员还有其他许多好处，如避免不必要的受伤，使肌纤维正确地激活，控制踝关节、膝关节、髋关节、背部、肩关节和颈部的细微运动。灵敏性训练的另外一个非常重要的益处是，它具有持久性，不需要进行保持，这与速度、耐力和力量训练完全不同。灵敏性水平的高低一般由平衡能力、速度、力量和协调能力决定。平衡能力能够保持身体在静止或运动时重心稳定。速度可以保障身体向各方向快速移动的能力。力量是保障肌肉或肌肉群克服阻力的能力。协调是保证身体运动与感受器协调配合的能力。

灵敏性是指掌握复杂动作、迅速学会和完善运动技巧并有的放矢地运用这些技巧和根据情况变化的要求迅速而有针对性地变换技巧的能力，可使动作协调高效和迅速，受遗传因素影响很大。在球类、跳高、格斗、摔跤、击剑、体操等许多项目中，都要求运动员在各种条件突变的情况下，迅速表现出对动作的准确判断、灵活应变，表现出快速敏捷的反应速度、高度的自我操纵能力以及迅速改变身体或身体某部位运动方向的能力。因此，灵敏素质的训练在这些项目中极为重要。

二、灵敏的分类

根据与运动项目的关系，灵敏素质又分为一般灵敏素质与专项灵敏素质。

一般灵敏素质是指运动员在各种运动活动中，在各种条件突变的情况下，迅速、合理、准确地完成各种动作的能力，它是专项灵敏素质发展的基础。

专项灵敏素质是指运动员在专项运动中，迅速、准确、协调地完成专项运动各种动作的能力。它是在一般灵敏素质的基础上，多年重复专项技能和技术环节训练的结果。

各种素质的综合运用才能保证动作的熟练程度，而动作的熟练程度必须在多加训练形成神经——动作固化。神经反应决定了反应速度的快慢、决定了判断是否准确、决定了随机应变的快慢。因此是反应迅速、判断准确、及时作出快速反应先决条件，各素质协同配合是灵敏素质发挥的基础。灵敏素质没有客观衡量标准，只有通过动作的熟练程度来显示灵敏素质的高低。力量可以用负荷重量的大小来衡量；速度可以用规定运动距离的时间长短来衡量；耐力用时间的长短或重复次数来衡量；柔韧用动作的角度、幅度大小来衡量；而灵敏素质只有用迅速准确协调完成动作的能力来衡量。不同的运动项目，对灵敏素质的反应形式不同。例如，球类和其他一些对抗性项目中靠反应、判断、躲闪、随机应变来反映灵敏素质；体操、跳水等靠身体位置迅速改变及空中翻转等来反映灵敏素质；滑雪、滑冰靠迅速调整身体位置平衡、迅速改变运动方向等来反映灵敏素质。灵敏素质的作用主要在于优美、准确、熟练地完成动作来获得优异成绩。所以离开其他素质和运动技能谈灵敏素质是不现实的，灵敏素质只有通过熟练的动作才能体现出来，单纯的灵敏素质不存在，某一项身体素质的高低也无法判断一个运动员的整体灵敏性素质的高低，只有各种素质不断训练，形成动作记忆，才能综合体现出来。

三、灵敏素质的机制

神经过程的灵活性。灵敏素质是通过运动技能表现出来，是中枢神经系统在时间和空间上综合能力的体现。因此，学习每一个动作都必须按一定顺序进行，这样动作所给中枢神经系统的刺激也按一定顺序，经过多次重复，最后形成熟练动作。反复练习，使技术动作熟练化、自动化，使大脑神经过程兴奋和抑制的转换能力加强，就能提高大脑神经过程灵活性，从而在任何环境中都能把技术动作熟练地表现出来。实践证明，掌握基本技术越多、越熟练，则不仅学习新的运动技能快，而且技术运用也显得越灵活，越富有创造力，表现的灵敏素质也就越高。

条件反射。掌握技术动作后，还必须反复练习，不断强化，使之形成动作固化。因为条件反射形成后，如果不予强化，暂时神经联系就会中断，条件反射就会消退，灵活性也会降低。

前庭分析器机能。前庭分析器对空翻、转体、平衡等类动作灵敏性的提高有很大作用。在翻转时，由于前庭分析器的作用，才能感觉身体在空间位置的变化，协助各种反射来调节肌紧张以完成翻转动作。体操、跳水、蹦床能改进前庭分析器机能。因此，可利用这些项目的一些特定动作改进前庭分析器机能，发展灵敏素质。

四、影响灵敏提高的因素

1. 动商水平

良好的动商水平对运动员的灵敏素质有重要影响。在运动活动中，各种运动技术和技能的灵活应用，机动、灵敏的战术思想是大脑神经活动过程兴奋与抑制的快速转换能力的体现，均取决于良好的动商水平和敏捷的思维判断能力。优秀运动员不仅能表现出超人的技战术水平和体能素质优势，而且也体现在良好的动商水平上。

2. 感觉器官

运动分析器与运动本体感受器的灵活性与准确性以及肌肉收缩的协调性与节奏感是影响灵敏素质的重要因素。通过多年系统训练，可使上述能力得到全面提升。

3. 其他体能素质发展水平

灵敏素质是运动员力量、速度、耐力、柔韧以及协调性等运动能力的综合表现。上述体能素质与灵敏素质有密切关系，其中任何一种能力较差，对灵敏素质的提高都会造成不利影响。除此之外，还有其他一些因素。

（1）运动经验

长期各种运动技术和技能的学习，可以极大地丰富运动员的运动技战术经验，扩展体能素质和技术动作“储备”，有助于促进灵敏素质水平的不断提高。

（2）性别、体型、疲劳程度

灵敏素质与性别有关。在儿童期，男女灵敏素质几乎无差别；在青春期，男子逐渐优于女子；在青春期以后，男子优势明显。主要因为女子进入青春期，体脂含量增加，相对力量下降，灵敏素质会出现明显的下降趋势。但也不必担心，经过一个时期的科学训练，灵敏素质会得到一定的恢复和发展。不同的运动项目对体型有一定的要求，过于瘦高、肥胖或梨形体型的人，一般而言都缺乏灵敏性，O型腿、X型腿的人缺乏灵敏性。此外，运动员疲劳时动作反应迟钝，速度降低，动作不协调，灵敏性也会明显降低。

第二节　灵敏训练方法

发展灵敏素质是提高运动能力的一个非常重要的方面，在发展灵敏素质过程中，应该注意提高力量、速度、耐力、柔韧等素质，这是发展灵敏素质的基础。健美操、格斗、滑冰、滑雪、各种球类运动等项目都是发展灵敏素质的有效项目，在专项练习复杂化的条件下反复练习与专项运动性质相似的动作，是发展专项灵敏素质的有效途径。发展灵敏素质的途径主要包括无器械练习、器械练习、组合练习和游戏等。

一、无器械练习

1. 单人练习

主要有弓箭步转体、立卧撑跳转体、前后滑跳、屈体跳、跳起转体、快速后退跑、快速折返跑等练习；在跑、跳中做迅速改变方向的各种跑、躲闪、突然起动以及各种快速急停和迅速转体练习等；做各种调整身体方位的练习；做专门设计的各种复杂多变的练习，如用“之字跑”“躲闪跑”“穿梭跑”和“立卧撑”四项组成的综合性练习；以非常规姿势完成的练习，如侧向或倒退跳远、跳深等；改变完成动作的速度或速率的练习，如变换动作频率或逐步增加动作的频率。

2. 双人练习

主要有躲闪摸肩、手触膝、过人、模仿跑、撞拐、巧用力等双人练习。

二、器械练习

1. 单人练习

主要包括各种形式的个人运球、传球、顶球、颠球、托球等多种练习，单杠悬垂摆动、双杠转体跳下、挂撑前滚翻、翻越肋木、钻栏架及各种球类运动、技巧运动、健美操的专项技术动作的个人练习等；限制完成动作的空间练习，如在缩小的球类运动场地进行练习。

2. 双人练习

主要包括各种形式的传接球、运球中抢球、双杠端支撑跳下换位追逐、肋木穿越追逐等双人练习。

三、组合练习

1. 两个动作组合练习

主要有交叉步→后退跑，后踢腿跑→圆圈跑，侧手翻→前滚翻，转体俯卧→ 膝触胸，变换跳转髋→交叉步跑，立卧撑→原地高抬腿跑等。

2. 三个动作组合练习

主要有交叉步侧跨步→滑步→障碍跑，旋风脚→侧手翻→前滚翻，弹腿→腾空飞脚→鱼跃前滚翻，滑跳→交叉步跑→转身滑步跑等练习。

3. 多个动作组合练习

主要有倒立前滚翻→单肩后滚翻→侧滚→跪跳起，跨栏→钻栏→跳栏→滚翻，摆腿→后退跑→鱼跃前滚翻→立卧撑等练习。

四、游戏练习

发展灵敏素质的游戏具有综合性、趣味性、竞争性的特点，能引起练习者的极大兴趣，使人全力以赴地投入活动，既能集中注意力、积极思维、巧妙对付复杂多变的活动场面，又能锻炼提高神经系统的灵活性和反映过程，有效地发展身体素质和运动技能，如做各种变换方向的追逐性游戏和对各种信号作出反应的游戏等。

第三节 灵敏训练项目

发展灵敏素质须从专项特点出发，重点综合发展反应、平衡协调等能力。以下根据教学训练体会，提供一些发展灵敏素质的方法，供教学训练时参考。

一、反应判断的练习

①听口令做动作。

②听口令做相反的动作。

③原地或跑步中听口令做动作。

④听口令或看手势急跑、急停、转身、变换方向的练习。

⑤听口令的各种姿势起跑。如站立、向后、蹲起、俯卧撑等姿势起跑。

⑥跳绳。练习者不停顿地做各种跳绳练习。

⑦交叉摇绳。练习者两手交叉摇绳，每摇一二次，单足或双足跳长绳子一次。

⑧双人跳绳。同前，要求两名练习者手拉手跳3～5次后快速跑出。

⑨跳波浪绳。教练与一名队员双手握一根长绳子，并把绳子上下抖动成波浪形，队员必须敏捷地从上跳过，谁碰到绳子，与摇绳者交换。

⑩跳蛇形绳。教练与一名队员双手握一根长绳，并把绳子左右抖动，使绳子像一条蛇在地上爬行，数个队员在中间跳来跳去1分钟内触及绳子最少者为胜。

⑪快速打手心手背。

二、平衡能力练习

①前后举腿平衡、俯平衡、侧平衡等各种站立平衡。

②头手倒立，肩肘倒立、手倒立停平衡。

③在肋木上横跳、上下跳练习。

④听口令做动作或急跑中完成突停动作。

⑤在平衡木上做一些简单动作。

⑥一对一弓箭步牵手互换面向站立，虚实结合互推互拉使对方失去平衡。

⑦一对一面向站立，双手直臂相触，虚实结合相互推，使对方失去平衡。

⑧发展旋转的平衡能力练习。

⑨向上抛球转体2周、3周再接住球。

⑩跳转360° 跑，保持直线运行。

⑪闭目原地连续转5～8周，然后闭目沿直线走10米，再睁眼看自己走的方向是否准确。

⑫绕障碍曲线转体跑。

⑬原地跳传180° 、360° 、720° 落地站稳。

三、协调能力的练习

①双人跳绳。

②集体跳绳：两名练习者摇长绳子，其他练习者连续不断地跳过绳子，每人应在绳子摇到最高点时迅速跟进，跳过绳子，并快速跑出。谁碰到绳子，与摇绳者交换。

③一对一背向互挽臂蹲跳进、跳转。

④双人头上拉手向同方向连续转。

⑤脚步前后、左右、交叉的快速移动。单脚为轴的前后、转体的移动。左右侧滑步、跨跳步的移动。

⑥选用武术中的“二踢脚”“旋风脚”动作。

⑦做不习惯方向的动作。

四、游戏练习

在灵敏性游戏的设计、选择、运用中，要注意把思维判断、快速反应、协调动作、节奏感等内容有机地结合起来。进行游戏时，要严格执行规则，防止投机取巧，遵守纪律，注意安全。

1. 互相拍肩

练习方法：两人相对1米左右站立，既要设法拍到对方的肩膀，又要防止对方拍到自己的肩膀。

练习目的：伺机而动，身手敏捷。

2. 单、双数互追

练习方法：练习者按单、双数分成两组迎面相距1～2米坐下，当教练喊“单数”时，单数追双数，双数转身向后跑开20米；当教练喊“双数”时，双数追单数，单数转身向后跑开。

练习目的：判断准确，起动迅速。

3. 抓“替身”

练习方法：前后成对站立围成圈，指定一人抓，另一人逃，逃者通过站到一对人的前面来逃脱被抓，后面的人立即逃开。当抓人者拍打到被抓者时，两人交换继续抓“替身”。

练习目的：反应快、躲闪灵。

4. 双脚离地

练习方法：练习者分散在指定的地方任意活动，指定其中几个为抓人者，听到教练的哨音后，谁的双脚离地就不抓他，抓人者勿缠住一人不放。

练习目的：快速悬垂、倒立、举腿等。

5. 听号接球

练习方法：练习者围圈报数后向着一个方向跑动，教练持球站在圈中心，将球向空中抛起喊号，被喊号者应声前去接球。

练习目的：根据时间和空间采取应急行动。

6. “火中取栗”

练习方法：练习者分成两个小组，一个小组的人手挽手面向外围成一个圈子，以保护圈子中的几只球，另一个小组的人则设法钻进去把球取出来。

练习目的：动作灵巧，合理对抗。

7. 俯卧快速屈伸小腿练习

练习方法：练习者俯卧在小体操垫上，手臂伸直，两手抓住垫子前沿，两小腿依次快速折叠碰触臀部，越快越好。

变形练习：两人一组，一人站在练习者身后把橡皮带绕过膝窝后，两头的橡皮带分别系住练习者两脚踝部位，增大练习阻力后两小腿依次快速折叠碰触臀部，或者做双腿屈伸练习。

练习目的：提高小腿向后折叠的速度，发展股后屈小腿肌群的力量。

8. 仰卧蹬自行车练习

练习方法：练习者仰卧在体操垫子上，两手臂自然放在身体两边，两腿依次快速做蹬自行车动作，迅速抬大腿往胸部靠，同时小腿做向上蹬伸画圆动作。

变形练习：仰卧高抬腿和仰卧剪腿。练习者仰卧在体操垫上，屈臂夹肘支撑上体半抬，两腿伸直，快速交替上举成剪绞动作。也可以把橡皮带固定在练习者两脚踝处，进行抗阻力练习。

练习目的：主要发展腹肌、髂腰肌和髋关节屈肌群力量。

9. 背向高抬腿接转身加速跑

练习方法：背对跑进方向做快速高抬腿练习，听到信号后，迅速转身加速跑20米。

变形练习：倒退跑接转身加速跑。

练习目的：提高反应能力和短时间内快速启动到最高速度的能力。

10. 左右横跨交叉步练习

练习方法：相距3米，侧对前进方向，左手摸地，左脚踩在线上，听到信号后，做前交叉步同时迅速向右移重心，成右弓箭步姿势，右手触及右边线。来回做6~8次，最先完成者为胜。

比赛方式：把队伍分成人数相等的几组，每组的第一人把10个羽毛球，运用横跨交叉步，依次运到3米外的另一边，运完后跟第二位同学击掌，第二位同学，再把球运回来，其他同学依次类推，最先完成接力的队为胜。

练习目的：发展髂腰肌、大腿屈肌肌群和脚踝力量，提高蹬地转身的速度。

11. 高频腿速练习

练习方法：体前屈同时两膝弯曲，上体和两臂放松垂立，听到信号后，双脚跟提起成提踵，大腿带动小腿交替快速下压，两脚前掌触地越快越好。

比赛方式：在规定时间内（每次10秒），完成次数多者为胜。

练习目的：提高反应速度和快速频率。

12. 前后左右跳

练习方法：两臂屈于腰际两侧，两膝稍弯曲，做前、后、左、右四个方向的跳，两脚跟抬起，用脚前掌跳，幅度尽量大。也可以听语言提示，随意转换跳的方向。

变形练习：单脚前后左右跳、反方向（后前右左）跳或对角线斜向十字跳。

比赛方式：可以用迎面接力的形式，分成人数相等的两队，每队分成人数相等的两组，在相距20米的两端相向而立，按照不同的跳法（第一组两个同学向前跳，第二组两个同学后退跳，第三组两个同学向左侧跳，第四组两个同学向右侧跳）跳向对面端线，到位后和同伴击掌后，对面同伴按照同一种跳法跳回来，最先完成的组为胜。

练习目的：主要发展小腿群肌及踝关节力量。

13. 快速交替踏台阶练习

练习方法：左右腿依次快速踏上踏下台阶，重心在前腿上。听到指令后要立即换腿。

变形练习：侧跳台阶。侧对台阶站立，两腿前交叉做侧跳台阶动作，快速连续做，上体不要摇摆。

练习目的：提高动作速度，主要发展大腿屈肌和脚踝关节力量。

14. 快频跑软格梯练习

练习方法：把软格梯放在草地上，两脚依次快速碎步踏进格内前进。

变形练习：侧向做碎步跑、快速高抬腿跑、快速后踢腿跑、单脚跳格。

比赛方式：分成人数相等的四队，小碎步快速跑过软梯格，并加速跑绕过5米外的小旗，再左右依次跳过软梯格，到达终点与下一位同学击掌后，下一位同学出发，依次类推，最先完成接力的队为胜。

练习目的：加强神经传导速度，提高步频。

15. 侧交叉跑

练习方法：侧对前进方向，两腿向左（右）侧方向做前后交叉步20米，要求交叉跑时大腿高抬，快速转髋，动作速度越快越好。

变形练习：两人一组相对握手做侧交叉跑，听到信号后换位继续前进。

练习目的：提高髋关节的转动速度，发展灵敏素质。

16. 穿越封锁线

练习方法：两人一组，一人持球站在距离2米的中线上准备抛球，另一人在抛起约2米高的篮球下穿梭跑，反弹后可继续跑，直到钻不过去为止。记录跑的次数。

比赛方式：分成人数相等的3队，其中2队各派一人相距2米面对面持一篮球站好，第3队同学，准备穿越封锁线。当一人将球抛起越过标志线，第3队同学依次快速在抛起的篮球下穿过，另一人接到球停止。记录抛几次球队员全部穿越，抛球次数少的队为胜。

练习目的：提高反应速度和快速跑的能力。

17. 胸前顶报纸加速跑（速度）

练习方法：把报纸放在胸前做快速跑。

比赛方式：分成人数相等的若干队，听到信号后，胸前顶报纸绕过20米以外的标志杆跑回起点线，把报纸交给下一位同学后回到队伍后，依次类推，最先完成接力的组为胜。

练习目的：发展快速跑的能力。

18. 铺天盖地（跳过竹竿后蹲下再让竹竿从头顶扫过）

练习方法：两路纵队前后距离1米左右站好，第一组两名同学手握竹竿面向队伍站好，练习开始后，这两名同学弯腰持竿向后，其他同学依次跳过竿，跳过竿的同学立即蹲下，竿回来时再从同学们头顶扫过，第二组同学面向大家站好准备接竿，第一组同学交完竿后迅速跑到队伍后，依次类推。

比赛方式：根据情况分成人数相等的队，最先完成的队为胜。

练习目的：提高反应能力和蹲起动作速度。

19. 仰卧屈腿夹软式排球

练习方法：练习者屈臂夹肘上体半抬仰卧在体操垫上，两膝稍屈，两脚稍分开，同伴手拿排球在距离练习者脚约1米的地方站立，两手把球抛给练习者，练习者快速用脚夹住抛来的软排球，并用脚传回给同伴。

比赛方式：在规定时间内，两人配合完成次数多的为胜。

练习目的：加强同伴间的配合，提高收腿的速度，锻炼腹肌。

第八章　体能训练分项目解析

体能训练的基本内容是充分发展与运动员专项运动成绩密切相关的力量、速度、耐力、柔韧、灵敏等体能素质，从而深刻影响和促进运动员身体形态和机能的改善，提高运动员的健康水平，为专项运动成绩和技术水平的不断发展奠定良好的基础。体能训练包括一般体能训练和专项体能训练。

一般体能训练是指：运用多种非专项的体能练习手段，所进行的旨在增进运动员的身体健康，提高各器官系统机能，全面发展体能素质，改善身体形态，掌握非专项的运动技术、技能和知识，为专项成绩提高打好基础的训练。

专项体能训练是指：采用直接提高专项素质的练习，以及与专项有紧密联系的专门性体能练习，最大限度地发展对专项成绩有直接关系的专项体能素质，以保证掌握专项技术和战术及其在比赛中顺利、有效地运用，从而创造优异成绩的训练。由于项目不同，专项体能训练的内容有很大区别，本章就按项目类别进行分类解析。

第一节　射击类项目

射击类项目主要包括射箭、射击和弓弩三个竞赛项目。这类项目对运动员的心理素质有很高要求，并对平衡稳定能力、精细感觉能力（如位觉、触觉、本体感觉和视觉）、反应速度、动作协调性、静力性力量和专项耐力有较高要求。以射箭运动为例，为了使箭射向靶心，射箭技术必须准确而一致。在瞄准阶段，尤其是在撒放前，高水平射箭运动员肌电活动的平均值波动小，而且标准差也小，说明射箭用力准确性高而平稳，并且每次射箭时的用力状况比较一致。只有这样，才能提高射箭的命中精度。根据上述特点，体能训练可考虑从以下几方面进行。

一、射击类项目竞技能力决定因素

1. 体能因素

要求身体匀称，生理机能发展良好。在运动素质方面，运动员的静力耐力、平衡能力和稳定性要好，动作协调能力强，并具有良好的视觉和本体感觉能力。

2. 技能和战术因素

射箭、射击和弓弩三个项目的技术动作均属单一动作结构。首先，技术要求可概括为“固势要稳，瞄靶要准，击发、撒放要正确”，在比赛中选手们的技战术表现为相互间不产生明显的影响，在战术运用上也较为稳定。其次，注重基本功训练，如射击的稳定功、击发功和运枪功，以及射箭的稳定功、撒放功和举功。另外，巧妙地组织与安排空射与实射，可以灵活地引申出多种行之有效的训练法。最后还包括掌握风天射击的特点和规律、加强决赛能力的训练，以及通过各种复杂条件下的训练，提高抗干扰的能力和应变能力。

3. 心理因素

在心理方面对运动员注意力集中与稳定、自我控制、感知觉和运动表象再现能力都有较高的要求。因此，稳定性、有恒性、实验性、独立性和自律性都是运动员重要的个性特征。在智力上，除要求运动员掌握必要的基础理论知识和专项理论知识外，通过各种手段培养和发展观察力、想象力、思维能力以及分析和解决问题的能力是十分必要的。射击、射箭运动员的心理训练侧重于意志品质和心理自控能力的提高。一般心理训练的内容包括培养运动员意志品质，提高竞技心理素质和调节、控制能力，特别是通过念动训练发展正确运动表象再现的能力。准备定向比赛的心理训练的内容包括做好心理定向工作、认真抓好念动训练等。

二、射击类项目比赛成绩决定因素

运动员比赛成绩的取得，主要靠自身技术的发挥和心理状态的控制，主要内容包括：确立辩证的比赛指导思想，全面做好赛前准备，以及教练员与运动员正确的参赛行为等。另外，枪弹、弓箭质量的优劣，以及对其性能的熟悉程度，对比赛成绩也有不可忽视的重要作用。

三、射击类项目运动员的体能训练

主要采用各种距离的跑步、各种姿势的游泳等练习发展速度和耐力；采用各种信号刺激手段提高反应能力；采用推举、卧推等负重练习提高以上肢、腰腹为主的肌肉力量、静力性和动力性力量耐力；采用无器械和多种器械的基本动作练习，发展柔韧性、灵活性和协调能力。

1. 力量训练

重点发展运动员的臂力、握力和腿力。臂力和握力是完成瞄准和击发动作的需要，腿力是长时间保持稳定的身体姿势的需要。为了保持长时间静力性肌肉工作，还必须具有良好的保持性肌肉耐力。可采用中等强度的静力性练习法、等动练习法、循环练习法和一些专项练习来发展力量素质。

2. 速度训练

主要发展反应速度和动作速度。可采用突然发出的信号，如间接性练习、起动跑、转向跑等进行练习，还可采用球类活动、游戏和专项技术练习来发展反应速度和动作速度。

3. 耐力训练

射击类项目主要需要保持长时间工作能力的专项耐力。可采用专项技术训练和专项身体训练来发展。一般耐力则采用走跑相结合并且强度较小的越野跑、爬山、球类活动等来发展。

4. 柔韧和灵敏素质训练

柔韧素质的训练可采用各种无器械练习来发展，灵敏素质主要采用无器械练习、器械练习、组合练习和各种游戏来发展。

第二节　难美性类项目

难美性项目主要指竞技体操、跳水、艺术体操、武术、花样游泳、花样滑冰、蹦床、竞技健美操等项目。这些项目要求运动员比赛时在三维空间中交替进行难度极大的动力性和静力性的肌肉动作，同时要表现出具有强烈吸引力的人体美和运动美。因此，这些项目对速度力量、动作速度、专项耐力、柔韧性和灵敏素质都有很高的要求。

一、竞技体操运动员的体能训练

竞技体操属于非周期性运动项目，运动员体能训练的目的是改善神经、心血管系统机能，提高肌肉群力量和弹性，发展速度、耐力、柔韧性和协调能力，提高平衡能力以及对方向和时间的判断能力等。练习手段多采用与专项技术结构相似的练习或专项动作来发展所需的体能素质，以加速掌握技术动作进程，增强比赛能力。

1. 力量训练

力量是体操运动员的重要素质，加强体操运动员的力量（特别是相对力量）的训练极为重要。发展力量可采用负重练习、克服自身体重的练习、专门力量练习器练习和专门的体操技术练习等。具体练习部位有上肢、躯干和下肢。

（1）上肢力量训练

上肢力量训练的重点是发展推撑力量、悬垂拉引力量、两臂直臂内收、外展和屈伸的力量。练习方法可采用俯撑、俯卧撑、俯撑击掌、双杠支撑摆动、支撑摆动臂屈伸、各种手倒立、杠铃推举练习、引体向上、爬绳、爬杆、套环带的十字支撑、俯卧压十字等。

（2）躯干力量训练

重点是发展腹肌、背部肌群力量。可采用仰卧起坐、仰卧举腿、仰卧两头起、俯卧起上体及其他专门练习。

（3）下肢力量训练

下肢力量训练的重点是发展弹跳力。练习手段有原地连续纵跳、10～20米的单脚或双脚连续跳、立定跳远、跳绳、跳马助跑三步起跳、跳深练习、负重跳跃、负重起踵、原地团身后空翻。

2. 速度训练

除跳马所需的位移速度外，竞技体操主要需要动作速度。如跳马的推手、技巧中的起跳、空翻或复合空翻动作中的翻转动作和转体动作。近年来世界体操运动发展很快，动力性与摆动类型动作越来越多，要求初速度快，腾空动作高而飘，每个动作发力快，动作之间的间歇短。因此动作速度的训练极为重要。

（1）一般动作速度的练习

可采用最快的速度完成X次俯卧撑，用最快的速度完成引体向上，由屈臂俯撑快速推离地面在空中击掌1～3次，限时限次数的快速“两头起”，手倒立快速爬行等。

（2）快速完成转体和翻转动作速度的练习

原地跳起转体360°、540°、720°，连续快速侧手翻多次；连续快速后手翻多次；连续快速侧手翻向内转体360°接后手翻；利用弹板做团身或屈体前空翻以及加转体的动作；利用弹板做团身或直体后空翻以及加转体的动作；两臂俯撑推离跳马转体360°成俯撑等。

（3）助跑速度训练

常用手段有20～30米的加速跑、起动冲刺跑、行进间跑、上坡跑与下坡跑等。练习时应注意与专项要求结合，最后做一个跳马上板前的单足起跳动作。

3. 耐力训练

主要发展一般耐力和专项耐力。一般耐力可采用越野跑、球类活动、400～1500米跑、循环练习、组合练习等。专项耐力的训练常常与各项技术训练结合在一起，主要采用成套练习、半套练习或一些反复多次的专门技术练习。

4. 柔韧训练

男子着重发展肩、腕、腰、髋等部位的柔韧性，女子着重发展肩、胸、髋、腰和踝等部位的柔韧性。肩胸部柔韧性主要采用压、拉、吊、转等方法；躯干柔韧性主要采用体前、后屈、甩腰、吊腰、单脚或双脚的前压软翻练习；腿部柔韧性主要采用压腿、扳腿、踢腿、控腿、劈腿等方式进行。此外，还可采用一些专门练习来发展踝关节和腕关节柔韧性。

5. 灵敏素质和协调能力训练

竞技体操对灵敏素质和协调能力有很高要求。可采用以下方法提高灵敏素质和协调能力：①熟练掌握多种体操技术与技能。②经常变换各种练习和技术动作组合。③采取弹网或弹板等专门器械进行力所能及的各种翻腾和转体动作练习。④采用一些专项动作、组合练习和专门手段发展灵敏与协调能力。

二、艺术体操运动员的体能训练

艺术体操项目对运动员的柔韧性、协调性、弹跳力、耐力、灵巧性、肌肉控制能力、对器械的控制能力、节奏感、平衡性、观察、判断、模仿和表演能力均有很高要求。体能训练除了应发展上述素质外，还要加强运动员的美感、审美能力和乐感的训练。

1. 启蒙阶段（6～8岁）训练

主要采用跑跳练习、游戏、舞蹈及艺术体操的无器械练习、腰腿基本功练习。还要学习绳和球的基本练习，发展弹跳力、耐力和灵敏性等专项素质。

2. 基础阶段（9～11岁）训练

主要采用舞蹈、技巧、腰腿基本功练习及艺术体操的一些无器械练习来发展专项体能素质，并通过绳、球、圈、棒、带的基本动作练习，发展对器械的控制能力和节奏感。同时，仍应适当采用田径和一些游戏项目练习，发展一般体能素质。

3. 提高阶段（12～13岁）训练

此阶段仍应继续提高专项身体素质和一般体能训练水平。专项耐力、柔韧性、协调性和对器械及对自身的肌肉控制能力、节奏感等，主要通过专项技术练习、成套练习、技巧、舞蹈和腰腿基本功练习来发展。

4. 高水平阶段（14岁以后）训练

主要任务是继续保持柔韧性和提高力量、耐力及整个身体机能水平。训练内容以专项的舞蹈、技巧及腰腿基本功练习为主。

三、武术运动员的体能训练

武术项目对运动员的体能素质有比较全面的要求。根据武术的特点和技术发展的需要，武术运动员必须注重速度、快速力量、弹跳力、柔韧性、灵敏和耐力素质的训练。武术传统的基本功和基本动作的练习，是发展武术运动员专项体能素质的重要手段。其中的腰、腿、臂、桩四功对身体主要部位的素质发展起着重要作用。基本功和基本动作的练习，不仅能使身体各部位得到较全面的训练，体能素质得到较全面的发展，还能促进各关节的柔韧性和协调性的提高、肌肉控制能力和弹性增强、前庭分析器机能提高专项素质得到较好发展，为学习和掌握器械套路、提高技术水平打下基础。与此同时，还要借鉴一些其他运动项目的内容来发展一般体能素质。例如：通过多级跳、短跑和长跑来发展下肢弹跳力、速度和耐力；通过负重力量练习来发展肌肉屈伸力量和弹跳力；通过球类运动、爬山、跳台阶来发展一般耐力、灵敏和下肢力量；通过完整的套路练习、半套以上练习和组合练习发展专项耐力和专项协调性等。

发展专项体能素质的基本功和基本动作练习主要有以下几种。

1. 肩臂练习

目的是增进肩关节柔韧性，加大肩关节活动范围，提高上肢专项运动能力。其主要练习方法有压肩、绕环、托臂等。

2. 腿部练习

主要发展腿部柔韧性、灵活性和力量。其练习方法有正压脚、侧压腿、后压腿、仆步压腿、正扳腿、侧扳腿、后扳腿、劈腿、踢腿（如直摆性腿法、屈伸性腿法）、扫腿（前扫腿、后扫腿）等。

3. 腰部练习

在手法、眼法、身法、步法四个要素中，腰是反映身法技巧的关键，主要练腰方法有俯腰、甩腰、涮腰和下腰等。

4. 手型、手法练习

手型练习有拳、掌、勾；手法练习有冲拳、架拳、推拳、亮拳等。

5. 步型、步法练习

可以发展腿部力量和速度，提高两腿移动的灵活性和稳固性。步型练习方法有弓步、马步、虚步、仆步、歇步、坐盘、丁步。步法练习方法有击步、垫步、弧形步。

6. 跳跃练习

这对增强腿部力量、提高弹跳能力有良好的作用，如腾空飞脚、旋风腿、腾空摆莲等。

7. 平衡练习

对发展腰髋部力量及肌肉控制能力有积极作用，如提膝平衡、燕式平衡等。

8. 跌扑滚翻练习

对培养前庭分析器官稳定性、提高协调性、灵敏素质和速度力量有良好作用。如抢背、鲤鱼打挺、乌龙绞柱、侧空翻、旋子等。

四、竞技健美操运动员的体能训练

竞技健美操要求运动员必须具备突出的力度感、良好的动作速度、节奏感、协调性、柔韧性及耐力水平。因此，竞技健美操对运动员的力量、速度、耐力、柔韧性和灵敏素质均有较高要求。

1. 力量训练

主要是加强快速力量和力度感的训练。练习时，动作速度要快，节奏分明。可采用快速俯卧撑、立卧撑、腰腹肌练习、卧推及一些专门力量练习和跳跃练习。

2. 速度训练

主要是动作速度和节奏感的训练。可采用专门动作练习、分解练习、组合练习或专门练习。

3. 耐力训练

主要通过越野跑、长跑、球类活动发展一般耐力；通过反复进行的成套练习、半套练习和组合练习发展专项耐力。

4. 柔韧和协调性训练

竞技健美操对运动员肩、腹、髋及下肢柔韧性有较高要求，应采用各种专门练习来发展这些部位的柔韧性。协调性的提高则主要通过成套练习、组合练习和专项技术练习来发展。

第三节　对抗类项目

对抗类项目主要包括隔网对抗、同场对抗、格斗对抗项目，这些项目属于多元动作结构的变异组合项目，其共同特点是要求运动员在很好地掌握技术、技能的前提下，必须具备良好的力量、速度（特别是间接反应速度、起动力、动作速度、位移速度）、耐力和灵敏素质、协调性。因此，必须全面发展各项体能素质。

一、隔网对抗类项目

隔网对抗类项目包括乒乓球、羽毛球、网球、软式排球、排球、沙滩排球等项目。

1. 隔网对抗类项目竞技能力决定因素

（1）体能因素

运动员的身体素质是掌握各项技术的基本，同时也是比赛中运用技术和完善战术的前提。此类项目的重点素质包括移动速度、挥臂速度、灵活性和耐久力等，排球、羽毛球要求运动员有很好的弹跳力。在身体形态上要求运动员符合移动快、灵活性高、挥臂动作快的要求，身高、体重适当，腰短、骨盆小、臀肌上收、手臂长、跟腱长、足弓高。在机能上以发展心肺功能来满足专项速度耐力的需要为主。

（2）技战术因素

运动员的技术水平主要表现在基本功熟练、扎实、全面、准确，特点突出，并在技术发展中不断创新、形成绝招等方面。战术能力则主要反映在个人战术与集体战术结合、注重战术创新和战术理论研究等方面。

（3）心理因素

此类项目各种技术动作失误就要失分的特点，要求运动员具备良好的敢斗意识和自我控制能力；根据球速快、变化多的特点，又要求具备良好的时空知觉、反应速度和集中注意力的能力。在智力方面的要求也较高，运动员需要灵活善变，应付和处理场上各种复杂情况，为此，需要丰富的专业理论知识和临场经验。

2. 隔网对抗类项目比赛成绩决定因素

此类项目的比赛成绩除受到运动员自身竞技能力水平的影响外，还受到比赛的时间安排、比赛地点、对手水平、观众，以及比赛的评定行为等多种因素的影响。

3. 隔网对抗类项目的体能训练

隔网对抗类项目主要指乒乓球、羽毛球、网球、软式网球、排球等项目。这些项目战术变化多种多样，对反应速度（特别是间接反应速度）、动作速度、移动速度、起动力、力量、耐力、灵敏和协调性要求极高。隔网对抗性项群的训练既要遵循竞技运动发展的基本规律，坚持一般训练原则，同时又要充分考虑此类项目的特点组织实施。如在我国，乒乓球训练的成功经验反映出：理论认识领先，正确指导训练实践；百花齐放，以我为主，采诸家之长，走自己的路；不断创新保持优势；特长突出，技术全面；以及形成一支高素质的教练员队伍和科研、情报系统等。羽毛球训练成功的基本经验反映出：以快为主，以攻为主，以我为主，走自己发展道路；在技术全面的基础上发挥特长；步法和手法的创新，保证快速特点的充分发挥；反应速度、灵活性、爆发力和耐久力为主的身体素质训练；实行多周期训练，适应日益频繁的比赛任务等。排球训练成功的基本经验反映出：树立良好的训练作风，培养团结拼搏精神；明确的技战术指导思想；结合自己的特点，博采众长和敢于创新，走自己发展的道路；形成竞争格局，发挥竞争机制等。

（1）力量训练

重点是发展上肢、躯干、腰、腹、背部和下肢力量。可采用杠铃、哑铃、实心球和引体向上练习等。此外，各种跳跃练习、专项辅助练习，对发展上肢、躯干、下肢力量也有良好效果。隔网对抗类项目运动员的力量训练主要是发展速度力量，提高快速力量能力，因此，练习时不能只追求重量而忽视速度，应当在保证快速用力的基础上逐渐增加重量。

（2）速度训练

主要发展运动员的反应速度、起动速度、起跳速度、动作速度和短距离冲刺跑速度。经常采用的速度练习方法有小步跑、跨步跳、各种不同姿势的起跑、30～100米的冲刺跑、变速跑和各种发展简单和间接反应速度的练习等。速度训练很重要的一点，是必须结合专项需要，进行专项速度训练。以排球运动员的训练为例，排球运动员所要求的速度不仅是单位时间内移动距离长，而且应具有很好的反应速度、起动速度、摆臂速度和爆发性的跳跃速度等，才能做到“眼明”“手快”“腿快”，球到人到，球变人变，技术、战术运用自如。排球运动员常用的专项速度练习有：看手势或其他信号向前、后、左、右的快速移动，在6～9米区域内做折回跑或往返移动练习，以传接球的准备姿势作滑步、交叉步、跨步等快速移动练习，扑接或扣各种方向、速度、力量的来球，快速摆臂做鞭打动作练习等。对墙连续跳起扣反弹球练习，根据二传球快速移动起跳扣球等。此外，助跑摸高和立定跳远对发展快速弹跳力也极为有效。

（3）耐力训练

良好的耐力素质，可以使运动员在激烈的隔网对抗运动中，保持良好的竞技状态和长时间比赛能力。隔网对抗的球类项目比赛时间最少的有几十分钟，多的长达2～3个小时，因此必须加强耐力训练，提高耐力素质。

隔网对抗项目所需要的耐力素质，一般都是强度大、每次时间短而重复次数多的专项耐力、速度耐力和力量耐力（或弹跳耐力）等。其练习手段可采用各种长时间的专项练习、慢跑、越野跑、跳绳、爬山、多次数的负重练习等。例如，中国羽毛球队曾经针对体能问题，每个周末都爬山，这样不仅增强了体能，而且还磨炼了意志品质。在2000年悉尼举行的第27届奥运会上，中国羽毛球队展示了良好的体能，荣获了4枚金牌。

（4）灵敏训练

灵敏是隔网对抗类项目所需的重要素质。在比赛中运动员必须根据来球路线和方向而改变位置和打法，要根据对手的动作来判断球的落点、方向、力量和速度。发展灵敏素质的方法，可采用技巧的垫上运动、活动性游戏以及各种球类活动和专项练习。

（5）柔韧训练

良好的一般和专项柔韧性，对于掌握难度大、动作复杂的技术具有重要作用。可采用各种压肩、转肩、甩腰、劈腿、压腿、踢腿以及其他专项柔韧练习来发展柔韧素质。

二、技能类同场对抗类项目

技能类对抗性同场对抗项目主要有篮球、足球、手球、水球、棒球、垒球、冰球、曲棍球等项目。这些项目竞技能力的构成特点是继续向全攻全守的打法发展，全面发展的体能素质与良好的形态条件和娴熟的技术水平相结合十分重要。由于同场对抗项目包括了所有的在激烈的近身攻防、对抗拼抢中进行比赛的集体项目，要求运动员在时间和空间上占据优势，争取主动，并且必须具备快速的奔跑能力，运动强度大，能量消耗大（ATP-CP和乳酸供能占80%左右）。因此，对运动员的力量、速度、耐力、灵敏、柔韧等体能素质有全面的要求。

1. 技能类同场对抗类项目竞技能力决定因素

（1）体能因素

此类项目运动员具有身体健壮、肌肉细长并且富于弹性、脂肪层薄、臀部肌肉紧缩上收，以及踝关节围度小、跟腱清晰、足弓高等形态学特征，以满足快速、灵活、激烈对抗等比赛特点的需要。运动员的心肺功能所反映的机能能力在体能中占有重要地位，良好的血液循环和呼吸系统功能是运动员在长时间比赛中持续运动的体能基础。此类项目的运动特点要求运动员具备全面的身体素质，主要有力量、速度、灵敏与柔韧、一般耐力和速度耐力等。

（2）技战术因素

技战术在此类项目各个项目运动员的竞技能力中起着决定性的作用，要求运动员技术全面又有特长，技术熟练、准确而实用。战术特征表现为战术方法、比赛阵形和比赛意识有机结合，整体攻防战术协调发展，个人、组合与全队战术协调发展。

（3）心理因素

此类项目运动员心理特征主要包括球感、情绪、注意力和意志品质等，而智力方面主要表现在三个方面，即观察记忆能力、抽象思维能力及独立地创造性地解决各种技术问题的能力。

2. 技能类同场对抗类项目比赛成绩决定因素

决定此类项目比赛成绩的主观因素，是本队的竞技水平和教练员的临场指挥水平；其客观因素包括对手水平、竞赛办法、比赛环境、比赛时间、裁判行为等。运动员的比赛成绩是以上众多主客观因素综合作用的结果。

3. 技能类同场对抗类项目的训练

（1）技术训练

全队技术训练强调提高整体攻守效能，注重攻守训练内容的同步化。在个人技术训练中重视训练内容的专门化，使个体特长更为突出。同时，还特别强调技术动作的动力性，提高对抗能力及在激烈对抗条件下技术的准确性。

（2）战术训练

由于攻守的配合速度明显加快，快速反击战术在进攻打法的训练中占有重要的位置。注重发展运动员的聪明才智，以求有目的地训练运动员在比赛中独立思考的能力，培养他们在时间短促、情况复杂的条件下随机应变地解决问题的能力。同时，应加强以多攻少、以少防多的战术训练。

（3）体能训练

发展速度和耐力等素质是身体训练的重要任务。要提高完成动作的速度，即反应速度、移动速度和完成技战术行为的速度，强调训练的负荷强度和加速疲劳后的恢复，注重训练内容的全面化和内容组合的最佳化。

4. 篮球运动员的体能训练

篮球是一项地面和空间争夺都非常激烈的对抗性项目。在40分钟的比赛中，运动员必须不断地快速奔跑、摆脱、滑步、跳跃和抢断球，以及在复杂条件下完成高难度技术动作，因此，必须具备全面发展的力量、弹跳力、速度、耐力、灵敏和柔韧素质。

①速度训练。篮球运动主要要求运动员具有快速的起动力、反应速度和移动速度。发展速度的方法可采用各种专项速度练习，短跑运动员的各种速度练习，10～30米的加速跑、变速跑、各种快速起动和急停练习、传接球练习等。此外，还可采用以下练习方式：3米急停快速往返跑10趟（计时）、快速3米对墙传球1分钟（计次数）、全场快速往返运球投篮2次、半场8米三点运球上篮（计时）等。

②力量训练。篮球运动的攻守对抗，突出表现在身体接触中力量的抗衡（即允许未构成侵人犯规的身体接触）。力量在对抗中的地位越来越明显，力量对身体平衡的控制，对技术动作完成的稳定作用、实效性以及技术的发挥有着特殊意义。例如：以“亚洲最高中锋”，参加第十一届亚运会的朝鲜男队2.32米的李明勋为例，由于他身体瘦长，缺乏良好的力量素质，在比赛中的合理身体接触、快速抢断球中并不具备优势。加上其他因素，朝鲜队在这届亚运会篮球比赛中未能取得突出成绩。篮球运动员的力量训练主要是发展手指、手腕力量，上肢、腰腹和下肢力量。可采用指卧撑、俯卧撑、托球、抓球（如抓铅球、篮球）、传接球练习、引体向上、双臂屈伸、倒立推、推举、悬垂举腿、仰卧起坐、抓举、挺举、弓身、半蹲、深蹲、半蹲跳、负重跨跳和两腿交换跳等。力量训练的目的主要是发展全身爆发力，因此，力量训练时必须尽量加快动作速度。

③弹跳力训练。弹跳力的训练必须和力量、速度训练相结合，专门性弹跳练习与技术训练相结合，并促使运动员在各种突然交换的条件下都能迅速起跳，并在空中变换动作。可采用发展腰腹和下肢力量的练习、跳绳、跳台阶、助跑摸高、中长跑、三级跳、多级跳、跳深等练习。

④耐力训练。主要发展速度耐力。可采用中长跑、越野跑、游泳、爬山以及各种专项练习进行。

⑤灵敏和柔韧训练。发展灵敏素质可采用各种专项技术练习和辅助练习

以及各种翻滚、手翻、闪躲和模仿练习，各种脚步动作的转换练习、抢断球游戏、绕过障碍的接力赛、传接各种难度的球、接地滚球以及在快跑中根据信号的起动、急停、后退跑、转身跑和改变方向跑等。柔韧训练可采用各种压指、压腕、压肩、拉肩、转肩、体前后屈、劈叉、压腿、踢腿、双手持球成弓箭步，向前、后、左、右扔球和拿球以及一些体操和武术的柔韧性练习动作。

5. 足球运动员的体能训练

足球项目不仅要求运动员必须具备良好的奔跑能力，而且要熟练掌握急停、急跑和急停后转身急冲，这都要求高度的灵敏、协调性和速度。在全攻全守的战术打法情况下和激烈的比赛中，既存在规则允许情况下的合理冲撞，还要具备久跑不竭的能力。据统计，一名世界水平的优秀足球运动员在90分钟的高水平比赛中要跑动9～12千米，我国职业队员一场比赛跑动距离为6196米，全场平均活动次数684次。因此对力量、速度和耐力素质均有较高要求。

①力量训练。足球运动员的力量素质是在发展全身力量的基础上，重点发展腿部、上肢和腹、背力量。因此，各种负重练习和轻重量的练习，如实心球、快挺、快举、沙袋跑、各种深蹲、俯卧撑、仰卧起坐、蛙跳以及各种结合专项的力量练习，都是发展力量的有效方法。

②速度训练。足球运动员的速度突出表现在反应快、起动快、冲刺快、突然转身和完成动作快等方面。通过视觉信号的各种不同姿势的起跑、冲刺练习，结合各种技术动作的快速反应练习，对发展足球运动员的速度都非常重要。具体练习时可采用以下方法：各种姿势起跑的10～20米练习；原地快跑、顺风跑、下坡跑、全速跑、加速跑；迎面接力（均为短距离练习）；在快跑中看信号的急停、转身、跳跃、滚翻和改变方向跑；先做顶球、颠球、传球和倒地铲球，然后起跑10～20米；全速带球跑、变速带球跑、两人追抢球、快速上前传接球、断球、冲刺射门和运动射门等。

③耐力训练。足球运动员所需要的耐力是在一般耐力基础上的速度耐力，它是在紧张激烈的比赛中保持高速运动能力的重要条件。可采用变速跑、短距离反复冲刺跑、较长时间的各种专项练习等来发展。

此外，足球运动员还必须充分重视和发展灵敏素质和柔韧性，可采用各种专项技术练习和结合专项的一般练习来发展。

三、格斗对抗类项目

技能类格斗对抗类项目主要有击剑、柔道、摔跤、拳击、散打、跆拳道等项目。这些项目竞技能力的结构特点是鼓励主动进攻，绝对胜利的比例减少，相持能力（技术与体力）的作用加大，重视全面发展和突出绝招。同时，在双方激烈的格斗对抗中，必须以对手的身体为攻击目标，进攻取胜，并且还要注意保持自己身体重心的动态平衡，而迫使对方身体失去平衡。比赛中运动强度大，运动员几乎无喘息之机，运动员的中枢神经系统处于极度紧张和高度兴奋的状态。可见这类项目对运动员的体能素质要求很全面，特别是对力量、速度和灵敏素质有很高要求。因此体能训练必须加强体能素质的全面发展，并在此基础上重点加强专项体能素质的培养。以柔道运动员的体能训练为例，柔道项目不仅要求运动员必须具备清晰的头脑、吃苦耐劳的品质、顽强拼搏的精神和良好的心理品质，而且必须具备突出的绝对力量、速度力量、反应速度、动作速度、耐力水平和良好的柔韧和灵敏性。因此，柔道运动员的体能训练必须根据专项特点，采用专项技术练习和一般练习的手段，重点加强绝对力量、速度力量、反应速度、动作速度、专项耐力（柔道耐力训练的要求是以无氧耐力为主，有氧耐力为辅）和柔韧性、灵敏素质的训练，以促使体能训练取得最佳成效。

格斗对抗类项目具有一对一竞技、按体重分级别比赛、以绝对胜利或得分取胜等竞技特点。

1. 格斗对抗类项目竞技能力决定因素

（1）体能因素

在形态方面要求运动员有较高的身材与较长的四肢，身高和体重保持恰当的比例。在身体机能上要求内脏器官的抗震性能好、适应能力强、触觉加强和痛觉减退，以及前庭分析器的稳定性高等。要求全面发展的身体素质是格斗项目的共性，速度、力量、灵敏和耐力都很重要。另外，还要从个体实际出发，扬长避短，取得最佳整体效益。

（2）技战术因素

技术与战术能力是格斗项目运动员竞技能力的主导因素，是制胜的武器，对提高运动成绩起着决定性的作用。格斗项目技术包括进攻、防守和反攻三部分，并具有主动性、全面性、重点性、连续性和实用性等多方面特点。在战术特征上，主要采用因人而异、先发制人、真假结合、引诱和借力、消耗战和游击战，以及反边线战术等战术思想和战术技巧。

（3）心理因素

心理特征主要表现在对阵时的敢斗性、坚毅性和对待抽签机遇的稳定心态等。而在智力方面则要求运动员具有较高的文化水平，良好的理解力与记忆力和分析判断能力等。

2. 格斗对抗类项目比赛成绩决定因素

格斗项目比赛场地是具有一定高度的赛台，其设施质量对于运动员发挥自身水平具有直接影响。比赛方式都是一对一的对抗，赛制分为淘汰制和循环制两大类。一般情况下，运动员要靠实力取胜，但在许多情况下，机遇也会影响成绩。比赛的胜负评定也有得分和制服两类，因而裁判因素对运动员发挥成绩具有较大影响，裁判过程和犯规处理对裁判员水平要求较高。

3. 格斗对抗类项目运动员的训练

（1）技术训练

技术训练的内容包括基本动作、基本功、进攻、防守和反攻的各种方法以及连贯技术。技术训练根据各专项的特点，常采用整体法和分解法、限制法和诱导法以及配对训练法，有针对性地安排训练内容。

（2）战术训练

包括进攻、防守和反攻战术训练。依运动员竞技水平的不同和训练安排的阶段性特点，分别采用假想敌训练、配对训练及实战训练等方法提高运动员的战术能力。

（3）体能训练

格斗项目的身体训练主要分为一般身体素质训练和专项身体素质训练。一般身体素质训练常采用短距离冲刺跑发展速度，中距离和越野跑发展耐力。

另外，还采用垫上技巧、球类活动培养灵敏性，用轻杠铃和哑铃练习发展力量等。而专项身体素质训练都是根据各项目所要求的重点素质和技术特点的需要而安排的，需要很强的专项性。集中发展核心力量，人体的力量分为核心力量和非核心力量两大类。前者主要指腿部力量，后者指其他部位的力量。核心力量占人体总力量的大部分，而且实用性强，便于借力。根据各种格斗技术的力学分析，拳击力量的90%依赖于核心力量，腿击力量的70%依赖于核心力量。核心力量在其他格斗技术的发力中也都居于主要位置。因此，应该将格斗力量训练的主要精力放在发展核心力量上。

第四节　速度类项目

速度类项目包括短跑、跨栏跑、短距离游泳、短程速度滑冰、短程速度滑雪、短程自行车和短程划船等竞技项目。

一、速度类项目竞技能力决定因素

1. 体能因素

由于此类项目包括众多专项，运动员的身体形态也表现出明显的差异性。在生理机能方面，运动员神经过程的灵活性较高，神经冲动的传导速度快、强度大；心血管系统的功能较强，具有较强的抗缺氧能力，机体无氧代谢水平高。而身体素质的特点则表现为以良好的身体全面发展为基础，保证速度素质的不断提高。另外，柔韧、灵活性和一般耐力，对于运动员也非常重要。

2. 技战术因素

此类项目选手的技能特征主要包括：完整的技术动作由若干个相同的动作周期构成；运动中人体重心在水平方向上移动；保持移动过程中合理的动作节奏；位移速度直接决定运动效果。而战术的制订与应用，是建立在运动技术高水平发展基础之上的。科学地分配及运用体力，是保证选手体能与技能充分发挥的重要战术指导思想。

3. 心理因素

速度性项群的竞技，要求运动员反应迅速、思维敏捷、行动果断、讲求实效、朴实直率，这需要以良好的智力和心理调节能力作为基础。此外，坚强的意志品质、高度集中注意力的能力，以及较高的文化素养，也是此类项目运动员重要的心理和智力特征。

二、速度类项目比赛成绩的决定因素

这类项目运动员体能训练主要包括短冲类、跳跃类、投掷类和力量训练类四类项目。此类项目要求运动员在很短的时间内，最大限度地发挥出体能潜力。这既要求有突出的绝对力量、速度力量，又要求具有很快的速度水平，并且要把力量和速度有机地结合起来。那么，运动员自身的体能水平，特别是身体素质的发展水平是比赛成绩的决定性因素。相对来说，此类项目的比赛裁决公正、机会均等、时间计量准确、运动员间相互干扰较少，这就为运动员集中精力参赛创造了相对客观和均等的条件。但对手比赛成绩和裁判行为也会对运动成绩带来一定影响，也需要运动员制订正确的战术方案和具备一定的应变能力。

此类项目技术动作简单，并表现为周期性的多次重复，因此，体能训练的关键在于精选有效的方法迅速提高体能水平。这就决定了训练中力求使训练内容、训练手段简练、集中，力求实效，减少不必要的体能消耗，从而使各种训练手段的最佳组合成为提高训练效果的关键环节。例如，赛跑运动员多采用跑—跳、跳—跑的组合；游泳选手也采用陆上练习加水上练习的组合等。训练手段的选择也主要集中于发展爆发力、提高动作速率、改善反应能力、提高动作幅度以及提高无氧代谢能力。同时，把不断提高训练负荷强度作为训练的核心。

三、短冲类项目

短冲类项目主要包括100米、200米、400米跑；50米、100米游泳；赛场短距离自行车；短距离速度滑冰等。这类项目要求运动员必须具备突出的速度力量、反应速度、移动速度以及较高要求的专项耐力和柔韧性。

1. 短跑运动员的体能训练

（1）力量训练

短跑（100米、200米、400米）属于快速的周期性运动，力量训练的重点是发展速度力量（特别是快速的起动力、反应力、爆发力），并且速度力量训练必须和专项技术紧密结合，使力量练习的神经系统和肌肉用力性质与专项技术相似。

对于短跑技术，从生物力学角度看，运动员最需要发展臀大肌、大收肌、股四头肌、股二头肌以及小腿三头肌，并且还需要一定的腹肌力量和上肢屈肌力量。由于短跑需要突出的速度力量，因此采用负重练习发展力量时，通常采用重量中等（70%左右）、组数较多（6～8组）、次数中等（5～8次或8～20次）的快速度发展速度力量的方法。主要采用肩负杠铃下蹲、半蹲跳、箭步蹲跳、负重单腿交换踏蹬向上跳、负重换腿跳、抓举（高抓）、挺举（高翻挺）、快挺、拉抓等练习手段。练习时可成组地进行，或者与跑交替，或者与放松练习和柔韧性练习交替进行。发展爆发力的训练手段还有各种跳跃练习，如立定跳远、立定三级跳、三级跳、跳台阶、双足或单足多级跳、蹬离起跑器的跳。这些练习用力强度大，动作结构和起跑相似，有助于发展起跑所需的爆发力。在做这些练习时，应特别强调蹬地角度。其他如50～100米跨步跳、30～50米单脚跳等练习，既有助于发展短跑运动员的爆发性力量素质，也有助于改进跑的技术。在进行爆发性力量训练时，还要重视腰腹肌、背肌力量训练，特别是女运动员更应重视腰腹和背肌力量训练。在力量训练中，要强调每一个动作都要求尽量用力到脚趾关节，这样可以发展短跑运动员所必需的踝关节和脚趾关节力量。

（2）速度训练

速度是对短跑成绩起主导作用的专项素质。速度训练的目的是不断建立中枢神经系统快速条件反射，发展快速能力。速度水平不仅取决于中枢神经系统的灵活性、肌肉力量、动作速率等因素，而且取决于运动员是否掌握正确的技术。因此，速度训练并不是采取某一两个手段就能取得良好的效果，而是首先要有全面体能训练的基础，并掌握正确的跑的技术。训练实践证明，步频与步长是影响和制约速度水平的两个主要因素。因此，提高速度要围绕发展步频和步长以及使两者之间形成适宜的比例关系来进行。首先，要把发展步频与发展步长的练习有机地结合起来，使步频与步长同时增长；然后，要根据不同对象的特点进行安排，对步频快而步长小的，应在保持步频快的前提下去着重发展步长，对步长大而步频慢的，则要在保持步长大的前提下去着重发展步频，使步频与步长之间既相适应又具有个人特点。这个关系在前面速度训练有详细的阐述，训练得当对提高跑速非常重要。

①发展频率为主的练习：动作频率受到先天遗传因素的强烈影响，但后天的训练仍可使其获得一定发展。主要练习手段有快速小步跑与原地快速踏脚练习，后踢小腿跑，支撑高抬腿跑，行进间高抬腿跑中突然做几次最快速度的抬腿练习，由行进间小步跑、高抬腿跑过渡到加速跑，利用下坡跑的惯性和顺风跑来加快步频，双手扶肋木和小腿拉橡皮筋做快速“扒地”动作练习，快速下台阶跑，缩短步长加快步频的“短格”跑，随教练员击掌（或击拍器）的变化做快慢交替的抬腿与摆臂练习，通过提高动作协调性与节奏感来发展频率等。

②发展步长为主的练习：步长取决于身高、腿部力量大小、髋关节灵活性及跑的技术是否合理等因素。除身高有较大的先天遗传性外，其他因素都可通过后天的训练来改变和发展，因此步长的可塑性较大。发展步长的常用手段有发展腿部力量的负重与各种跳跃练习（如负重弓箭步换腿、跨步跳台阶、单双腿跳上跳下等），支撑后蹬跑，由行进间后蹬跑过渡到加速跑，车轮跑，放松大步跑，俯撑弓箭步换腿，有弹性的前后、左右压腿与摆腿练习，上坡跑与逆风跑，动力性柔韧性练习。此外，30～50米行进间跑、30米蹲踞式起跑、追逐跑、短距离接力跑及其他专门性练习，也是发展快速能力的有效手段。

（3）速度耐力训练

速度耐力是把最快速度保持到终点的能力。它对于取得短跑的优异成绩关系极大。加强速度耐力训练，可以提高机体的适应能力，充分发挥全程跑步速度，改善运动员后程跑的技术。在速度耐力训练中，由于运动员承受的运动量很大、强度高，且是重复练习，所以能够更加适应竞赛活动的要求。

速度耐力训练的主要手段有：①100～300米的反复跑，400米运动员跑的段落可长一些。重复次数和休息间隔可根据运动员具体情况确定。②越野跑和变速跑。③主项距离的检查跑，可使负荷量相当于比赛强度。

速度耐力训练应注意以下两点：第一，训练安排应以超主项距离跑段为主，其次是主项距离，但也应考虑训练水平。一般来说，速度较低的运动员，速度耐力训练比重应少些，在速度水平相应提高后，才能更好地发展速度耐力。第二，速度耐力在全年训练中都应安排。在准备期长段落跑（50米、250米、300米）可多一些，占60%～70%，在比赛期长段落跑可少一些，占30%～40%。训练强度和间歇应根据运动员的训练水平而定。

（4）柔韧训练

良好的柔韧性有助于掌握正确的短跑技术，使跑的幅度增大，动作协调、轻快。少年运动员关节、肌肉、韧带的活动范围大、弹性好，所以应及早抓好柔韧训练。发展柔韧性的练习手段主要有压腿、摆腿、踢腿、弓腰搭“桥”，屈体手触地、弓步肩后仰、转髋走、用胶皮带抬腿送髋以及跨栏的各种专项练习。练习时动作幅度应逐渐加大，以免拉伤肌肉或韧带。

四、短距离游泳运动员的体能训练

短距离游泳运动员的体能训练包括水上训练和陆上训练，这里重点探讨游泳运动员的陆上体能训练。

1. 力量训练

（1）游泳用力技术分析

游泳属周期性项目，动作要求多次重复，肌肉工作性质属克制性工作。同时，游泳又包括蝶泳、仰泳、蛙泳、自由泳四种正式比赛姿势，其中有三种（蝶泳、仰泳、自由泳）上肢用力是主要的，而蛙泳也由下肢用力为主迁移到上、下肢用力均等的状况。出发和转身时则需要腿部爆发力。

就力量性质而言，短距离游泳运动员需要的力量素质是绝对力量、速度力量和力量耐力。就动作特点而言，最需要上肢力量，其次是躯干和下肢力量。从动作过程中肌肉用力在强度和速度上所表现出来的特点来分析，等动力训练法是游泳力量训练的重要方法。

（2）游泳力量训练方法

游泳力量训练方法主要包括等动训练、动力性负重练习和静力（或慢速动力）练习三类。其中等动练习由于在整个动作过程中都能使运动员受到恒定的负荷刺激，因而能更快地增长专项技术所需的肌肉力量。等动练习必须根据不同姿势的技术特点，采用相应的模仿各种姿势的专门练习。根据运动员力量情况，调节等动练习器阻力大小。此外，循环练习对发展肌肉力量也有积极作用。由于短距离游泳运动员除力量耐力外，还必须具备较好的绝对力量和速度力量。因此，训练时必须做些重量大（60%以下）、组数多（4～5组）、次数少（5～10次或10～50次）的力量训练。

①应紧密结合游泳动作及用力特点来安排力量训练，做到陆为水用，注意转换。此外，采用力量训练，如水中等动练习器、阻力板、拖入和漂浮重物等也是极为有效的方法。

②要根据不同的距离（短距离和中长距离）、不同的姿势（蝶泳、仰泳、蛙泳、自由泳）、不同的性别和年龄组等特点安排力量训练。

③力量训练要细水长流，连绵不断。例如，美国教练主张在整个游泳季节中，每逢一、三、五练力量训练、跑步、柔韧；二、四练滑轮拉力器。也有人主张每天用30～60分钟练力量，然后再练游泳。

2. 速度训练

游泳运动员的速度水平主要表现在用最快的动作频率游完一定距离的能力。为了发展快速能力，可采用短距离（10～50米）、持续时间5～15秒或15～30秒、强度90%～100%、间歇40～90秒的快速练习，并力争最大限度地动员全身力量，使动作频率快、幅度大，达到最高的速度水平。此外，还可采用较轻的重量，按规定的时间或次数来完成练习，如短距离跑、快速跳绳、篮球、体操和垫上运动等。速度训练必须经常安排，并应和出发反应能力训练、转身速度训练结合进行。

3. 速度耐力（专项耐力）训练

根据短距离游泳特点，发展速度耐力可采用发展力量的手段，即以发展力量性速度耐力为主的手段进行练习。此外，专项速度耐力练习、球类、一定距离的跑步练习，也能促进速度耐力水平提高。

4. 柔韧训练

良好的柔韧性能充分发展运动员的力量速度水平和协调性。游泳要求运动员必须具备良好的肩关节和踝关节柔韧性，对躯干柔韧性也有较高要求。发展肩关节柔韧性可采用各种伸展练习；踝关节柔韧性可采用压踝、加重力的屈伸踝关节练习和提踝屈膝练习进行训练；发展躯干柔韧性可采用各种垫上练习以及无器械练习、双人无器械练习或一些专门性柔韧练习进行训练。

第五节　速度力量类项目

速度力量类项目包括跳跃、投掷和举重等项目。

一、速度力量类项目竞技能力决定因素

1. 体能因素

此类项目运动员的形态，受专项技术需要和竞赛规则规定等多方面因素的制约，表现出明显的多样性特征。由于运动员快速力量水平在其竞技能力构成因素中占决定性地位，因而在机能上表现出磷酸原系统供能能力强，神经过程灵活性高、强度大、兴奋过程中占优势，感官机能高度发展等。在素质特征上，各项目均把速度、力量和专项爆发力作典型素质予以发展。同时，良好的协调性和柔韧性对于跳跃和投掷运动员加大肌肉用力距离和完成技术也很重要。

2. 技能和战术因素

此类项目运动员的技术特征主要表现为技术动作高度的稳定性、准确性和可控性；技术动作明确的经济性和实效性，以及技术原理与个人技术特点的完美结合。技术上，努力实现预定参赛计划；力争首赛成功；巧妙利用竞赛规

则，运用多种暗示激发运动员战斗意志和拼搏精神等。

3. 心理和智力因素

由于专项竞技的特殊需要，运动员在心理特征上表现为专项感知觉高度灵敏和清晰；运动员自信、顽强并具有强烈征服欲；性格的独立性和自我开发性，以及情绪状态的高度自控性等。在智能特征方面，要求运动员具备一定的语言智商和操作智商水平，具有较高的分析和解决问题的能力。在复杂多变的赛场上需要较强的自控、概括和推理能力，心理状态的稳定性和机体多种机能的和谐配合。

4. 速度力量类项目比赛成绩决定因素

在此类项目比赛过程中，运动员独立完成运动技术动作，较少受到其他选手和裁判员的影响场地、器材及装备相对固定。所以运动员自身的竞技能力及在比赛中的发挥情况，是决定运动员比赛成绩诸因素中首要的决定因素。

5. 速度力量类项目运动员的训练

（1）技能和战术能力训练

在技术训练方法和手段的运用上表现出全面的综合化特点，并通过建立技术模型，以及运用多种技术诊断方法和手段为科学训练提供依据。另外，在技术训练中也注重强化精细技术动作感知觉的训练。在战术训练中，主要是努力实现预定参赛计划、力争首赛成功，以及巧妙利用规则和运用多种心理暗示，以培养运动员充分发挥训练水平的能力。

（2）心理和智能训练

通过对意志品质的培养，以及在训练和比赛中进行有效的心理调节和控制进行心理训练。心理训练与体能和技能战术能力训练高度结合和谐统一。智能训练体现在运动员分析和解决问题能力的培养、基础理论和专业理论知识的学习和应用能力的提高上。

（3）体能训练

在体能训练中，先进有效的训练方法与手段在此类项目内迅速地传播与应用，相互借鉴、移植与融合，并不断演化出新的训练方法与手段。如举重项目中的最大力量练习方法、快速力量对照训练方法被广泛应用于投掷和跳跃运动员的力量训练中，并不断发展成各项目的专门力量训练方法。在体能训练过程中，不断寻求训练方法与手段的最佳组合，非常注重训练的整体效益，也是此类项目运动员体能训练的突出特点。

二、跳跃类项目

跳跃类项目主要包括跳高、跳远、三级跳远、撑杆跳高、高台跳水等项目。这些项目都属于单一动作结构的非周期性项目，对体能素质，特别是力量、速度素质有很高的要求。

1. 跳高运动员的体能训练

（1）力量和弹跳力训练

跳高要求有强大的肌肉力量作为基础，在起跳瞬间，利用下肢肌肉的爆发式收缩，将身体跃向可能的最大高度。跳高起跳时，下肢踝、膝、髋关节同时伸直，它们的力量通过足底作用于地面，产生支撑反作用力。使踝关节蹠屈的肌群主要靠小腿三头肌、拇长屈肌、趾长屈肌和胫骨后肌；使膝关节伸直的肌肉主要靠股四头肌；使髋关节伸直的肌群主要靠臀大肌、股二头肌、半腱肌和半膜肌。为了给起跳的蹬地和摆臂动作建立巩固的支点，要求躯干上的腹直肌和腹内、外斜肌及骶棘肌有足够的力量来完成固定动作。

跳高运动员主要以发展下肢力量为主。主要练习是负重深蹲、半蹲跳、半蹲、前脚掌跳和起踵，主要发展小腿肌和足肌力量。负荷强度可分别采用大强度（80%～100%）、中等强度（70%～80%）和小强度（70%以下）。大强度多用于半蹲或适当的下蹲，每组1～5次；深蹲多采用中等强度，每组6～8次；小强度多用于半蹲跳、前脚掌跳和提踵练习，每组10～20次。另外，为了发展躯干和臂部力量，可采用高抓、高翻挺、颈后负重弓身、负重仰卧起坐和实心球、哑铃等练习。

跳跃练习对于发展腿部力量，特别是弹跳爆发力也有重要作用。可采用立定跳远、立定三级跳远和多级跳、原地纵跳、蛙跳、单脚跳、跳台阶、跳绳、跳深、跳起摸高和专项跳高练习等。若将负重（杠铃）深蹲、立定跳远、跳起摸高、30米行进快跑等主要练习结合成组进行训练，效果更好。

总之，不管采用哪一种训练方法和重量，都要注意完成动作的速度，每练习一组，都要放松做轻跳和跑，以保持肌肉紧张后的放松。

（2）柔韧性和灵敏训练

发展柔韧性一般采用压腿、摆腿、踢腿、劈叉、“桥”、跨栏等专门练习。此外，武术和体操的一些柔韧练习也有很好的作用。灵敏和协调性可通过球类、体操的一些练习来发展。

（3）耐力训练

跳高比赛一般需2～4小时，因此必须具备良好的专项耐力。专项耐力主要通过大运动量训练、长时间的反复专项练习和高质量完成训练计划等手段来实现。多参加测验和比赛也是提高专项耐力的有效手段。

2. 跳远运动员的体能训练

（1）速度力量训练

跳远运动员无论是通过助跑获得的水平速度，还是通过踏跳获得的垂直速度，都需要下肢肌肉的强大爆发力作为基础。因此快速力量是跳远运动员必备的重要素质。发展速度力量（爆发力）可以采用降低动作难度和提高动作速度的方法，如在原地做某些模仿练习和缩短助跑距离的跳远练习等。也可以采用中等重量做负重起踵、负轻杠铃原地跳、负重弓步走以及大重量和中等重量交替的深蹲、半蹲、半蹲跳、高立抓、高翻挺举、双人对抗练习等。练习中应注意动作结构要尽量与跳远动作结构相近似，各关节的弯曲角度与跳远动作的发力相结合。

（2）弹跳力训练

弹跳力是爆发性用力的一种形式。采用发展速度力量的训练和多种跳跃练习能有效地发展弹跳力。经常采用的手段有单足跳、跨步跳、换腿跳、分腿跳、蛙跳、直腿跳、跳深；跳越栏架、跳上阶梯和体操凳、助跑多级跳、助跑三级跳远、助跑跳高等。也可以无器械或负较轻重量进行练习，如扎2～4千克重的沙腰带练习跳远和做专门跳跃练习等。训练中要控制腿的弯曲角度，掌握好用力的时间和方向，以及身体各部分协调用力的配合。练习组数及次数要适当，以保证获得最佳效果。

（3）速度训练

速度水平与跳远成绩密切相关。速度水平特别是快速助跑能力是取得优异成绩的重要因素。发展速度要以提高短距离快跑能力为主，并同跳远助跑技术相结合，注意步长、步频的关系和弹性跑技术。训练更要重视发展速度和掌握跑的技术，训练内容应选择多样化。

发展速度的手段有各种专门跑的练习，如短距离重复跑、行进间跑和变速跑、蹲踞式起跑、上坡跑、下坡跑、弯道转直道跑、直道转上坡和下坡转平地跑等。

（4）柔韧及专项耐力训练

柔韧练习重点发展踝、膝、髋关节及躯干柔韧性。专项耐力主要通过各种专项练习来发展。

3. 三级跳远运动员的体能训练

三级跳远技术比较复杂，对身体训练水平要求很高。快速助跑和良好的弹跳力，以及强大的腿部力量和很好的协调性，是三级跳远运动员必须具备的条件。

（1）力量训练

三级跳远起跳时利用腓肠肌、比目鱼肌、股四头肌、臀大肌和屈足肌群力量，使微屈的髋、膝、踝关节伸直；但着地瞬间对支撑要求极高，它既是一个缓冲动作，又是一个起跳的准备动作，有关肌群（主要是股四头肌和小腿三头肌）要完成更艰巨的退让工作，并要立即转入克制工作，因此要求有强大的下肢肌肉力量。发展三级跳远运动员绝对力量、速度力量和弹跳力的训练手段主要有：抓举、挺举、高翻、弓身、提拉杠铃（宽上拉、窄上拉）、后深蹲、半蹲、蹲跳、负重起踵、壶铃蹲跳、前后抛掷实心球（或铅球）、单脚跳、大强度的连续跨跳、多种方法的跳深练习、负重原地上跳、各种腰背肌力量练习等。力量训练应注意和专项技术练习相结合。

（2）速度训练

助跑速度对三级跳远成绩有很大影响，因此速度训练极为重要。经常采用的手段有：25 ~ 40米的起跑和加速跑、30 ~ 100米的加速跑、50 ~ 150米的变速跑、60 ~ 100米的反复跑，以及其他各种发展速度的专门性练习。

此外，三级跳远对柔韧性、协调性及专项耐力均有较高要求，训练中可结合有关项目练习手段，不断提高上述素质发展水平。

三、投掷类项目

投掷类项目主要是指体能类速度力量性非周期性动作结构的标枪、铁饼、铅球等项目。这些项目对运动员的绝对力量、速度力量（特别是爆发力）有很高要求。例如，前男子标枪世界纪录创造者卢西斯，抓举成绩120千克，高翻150千克，深蹲210千克；而男子铅球成绩为22米的美国选手伍兹，卧推为220千克，深蹲300千克，高翻170千克，硬拉310千克；前女子铁饼世界纪录创造者麦尔尼克，卧推145千克，深蹲180千克。男子铁饼和链球运动员的力量更是大得惊人。此外，投掷类项目对运动员肌肉用力的协调性以及动作速度、柔韧性和其他体能素质要求也很高。

1. 标枪运动员的体能训练

掷标枪需要运动员具备突出的全身爆发力、快速反应和大幅度的协调用力。因此，必须具备强有力的躯干、腰、髋及上下肢肌肉的力量和速度。由于掷标枪动作是在幅度大、协调性高的情况下完成的，所以对肩、胸、腰、髋等部位柔韧性和协调性要求也很高。此外，弹跳力、速度和专项耐力的发展和培养，对促进专项成绩提高也很重要。

（1）力量训练

根据掷标枪运动的特点，力量训练除应大力发展和提高一般力量水平外，还要重点抓专项力量及专项速度训练。只有在发展一般力量（特别是绝对力量、速度力量）的基础上紧密结合专项力量的训练，才能使绝对力量和速度力量更为有效地转化为专项力量。

①一般力量训练：主要采用各种抓举、挺举、快速跳举、仰卧臂屈伸、深蹲、半蹲负重蹲跳、负重转体和屈体、颈后推举、山羊挺身、卧推、实力推、各种负重跳跃、负20～30千克杠铃的交叉步向沙坑推掷、手提壶铃蹬伸和做“满弓”，各种哑铃绕环练习、持铃直臂外旋练习以及其他发展力量的专门练习等。发展大肌群力量和全身力量的练习一般采用大（中）强度、多组数、少或中次数、快速度（爆发性用力）的练习方法。

②专项力量训练：主要采用大量投掷各种重量的器械练习。如投掷2.5～3千克的小铅球、1～2千克的实心球、4～6千克的铁球或实心球、抛掷铁棒、杠铃片、投掷超重标枪等。练习方法可采用原地投、上步投或助跑投掷。

（2）专项速度训练

可采用200克、400克、600克等多种重量的小石块投掷练习或投垒球练习。练习方法可以原地对网或墙投掷，上步或短距离助跑投掷。此外，短距离速度训练也应适当安排。

（3）柔韧素质训练

柔韧素质对于保证投掷技术的正确协调，加大动作幅度，提高关节灵活性以及爆发力的充分发展均具有重要作用。其主要练习手段有背“桥”、向后弯腰、吊环上的连续翻转、肩关节动作、垫子上向前手翻、蹬伸送髋、橡皮带拉“满弓”、侧面满弓、体侧屈、单杠上悬垂摆体振胸等。

2. 铁饼运动员的体能训练

（1）力量训练

掷铁饼是在高速旋转中，使躯干、胸大肌、投掷臂做最大限度的扭转拉紧，超越器械，接着由伸髋、转髋、挺髋、挥臂、手指拨饼等一系列动作组成。掷铁饼由旋转到最后用力出手，时间极短，需要在最短时间爆发出绝对力量。决定成绩的因素是出手初速度，这是由绝对力量和爆发力决定的，因此，铁饼运动员需要很强大的力量。其主要练习手段有负重挺身、弓身、弯举、抓举、挺举、深蹲、半蹲、半蹲跳、弓箭步跳、高翻、仰卧飞鸟、宽握卧推、中小重量的连续快举、负重体侧屈、体回环、负重转体、负重伸屈髋练习、俯卧拉以及手持杠铃片或哑铃做各种绕环，结合最后用力的转蹬挥臂练习等。总之，力量训练强度要大（70%～100%），速度要快，尽量高速完成。此外，各种发展专项力量的专门练习，如掷重物、超重铁饼、杠铃片（2.5～4千克）、铅球（4～5千克）、拉力器、橡胶带和滑车装置器械等的专门练习和模仿性练习，对发展一般力量和专项力量也极为重要。

为了发展爆发力，还可采用一些不负重的跳跃练习，如立定跳远、多级跳、蛙跳、跨跳、急行跳远、纵跳等。总之，在训练中应充分发展有助于旋转投掷铁饼的那些肌肉力量。

（2）速度训练

铁饼运动员速度训练主要以各种短跑为主，特别是短距离的快频率跑、反应跑、短距离加速度跑、站立式和蹲踞式起跑等。

（3）柔韧训练

发展柔韧性的主要手段有各种肩绕环、压肩、转肩、摆腿、压腿、踢腿、腰绕环、体侧屈、转髋走等。

3. 铅球运动员的体能训练

（1）力量训练

推铅球是在高速蹬地滑步中制动，身体左侧肌肉充分拉长（以右臂为投掷臂），右侧肌肉更好地收缩，使身体像个压紧的弹簧，紧接着完成挺髋、伸膝、伸肘、拨球等一系列动作，将铅球推出。股四头肌、小腿三头肌、股二头肌、背阔肌、骶棘肌、胸大肌、三角肌、肱三头肌、肘肌、手和手指伸肌、手指屈肌等主要肌肉参与用力。

优秀运动员从滑步到球离手所用时间为0.5～0.6秒，滑步（至左脚落地）约占0.3秒，最后用力约占0.3秒。由此可见，铅球运动员要在最短时间内爆发最大的力量，因而要求有强大的力量和爆发力。据统计，男子铅球掷21米的运动员其卧推成绩均在200千克以上，深蹲250千克以上，硬拉达300千克，平推在100千克以上。

铅球是速度力量项目，初速度越快，掷得越远。同时也要重视铅球运动员的力量训练，应重点发展全身爆发力，包括手腕、手指肌力、肩带、躯干和下肢力量，并重点采用结合专项需要的多种推、抓、挺、蹲、拉、卷腕练习，旋腕练习，指撑俯卧撑，俯卧撑击掌，抓下落铅球，抓平放杠铃片内缘等练习。发展铅球运动员一般力量的练习动作可参见标枪、铁饼运动员力量训练部分。发展综合肌群、大肌群力量采用重量大（80%～100%）、组数多（8～10组）、速度快、次数少（1～5次）的练习。发展局部肌肉则采用重量小、组数中、次数较多的训练方法。

铅球运动员力量训练应全年安排，准备期一般每周3～5次，比赛期2～3次。训练中应多做挺举、平推、借力推、负重蹲跳等爆发力练习，卧推、硬拉、深蹲也要适当安排，练习后可做快跑、轻跳练习。

（2）动作速度训练

动作速度的发展主要采用专门技术练习和变换重量的掷铅球（特别是轻铅球）练习来实现。专门技术练习的重点是提高滑步和最后用力的结合及其动作速度。练习手段有：无器械连续滑步，每次滑步后结合右脚蹬地动作；持轻、重铅球连续滑步并结合右脚踏地动作；成原地投掷姿势，左脚稍向上抬起，待身体平稳后，左脚着地，右脚积极蹬地；背对投掷方向，两脚前后开立（80～90厘米），上体稍前俯，快速拉收右腿，右脚着地立即用力蹬地。

变换铅球重量发展动作速度时，总的要求是应在不降低速度的情况下增加重量，或者是在不减少重量的情况下提高速度，总之，应把提高最后用力速度放在首位。特别在准备时期，应大量采用推轻、重和标准重量铅球的练习，并采用无器械、器械和负重的模仿练习，以发展最后用力的动作速度和爆发力。总之，最后用力的速度训练应重点抓发力、用力的顺序及力量的结合，应使其在整个训练过程中占一定比重。

（3）其他素质练习

铅球运动员的一般速度训练可采用多种短距离的短跑练习，另外应采用多种手段发展肌肉用力协调性。上肢、躯干、下肢特别是髋关节柔韧性训练对提高大幅度的动作速度和全身爆发力也有积极作用。此外，还应适当采用各种跳跃练习发展弹跳力和爆发性用力能力。

4. 链球运动员的体能训练

链球项目要求运动员必须有强大的力量和很快的速度，以及对抗离心和维持身体平衡的能力。因此，链球运动员的体能训练以发展绝对力量、速度力量、协调和灵敏素质，主要是控制身体平衡和旋转能力为主。

绝对力量和速度力量的训练主要采用负重练习，如多种抓举、提铃上拉、高翻、推举等练习，重点发展全身大肌肉群力量和爆发力。另外，还可适当安排一些专项力量训练，如快推杠铃、用各种姿势投掷壶铃、链球、实心球，用较轻的链球进行旋转练习，轻、重和标准重量链球的变换练习，以及投掷各种器械等。

力量训练应根据不同的对象、时期加以安排。准备时期重点发展力量，力量练习可占近1/2，并可适当安排专项力量训练和技术练习。比赛期第一阶段每周力量训练2～3次（以每周8次为例），重点发展专项力量和专项技术，使力量与技术紧密结合。比赛期第二阶段以技术训练为主，一般性力量训练减少，重点发展专项速度。休整时期应保持体能训练水平，每周应安排一些有利于发展力量的练习。

第六节　耐力类项目

耐力类项目包括竞走、中长距离跑、中长距离游泳、中长距离自行车、赛艇、皮划艇、越野滑雪，以及中长距离速度滑冰等众多项目。耐力类项目主要包括中长距离项目和超长距离项目。从动作特征看，这些项目属于典型的单一动作结构的周期性项群，要求全程有最高平均速度。从生理学特征看，它们属于大、中强度的肌肉活动，供能特点是有氧供能的比例随距离的增加而递增，同时无氧供能比例递减，能量总消耗递增，其中ATP-CP供能所占比例甚小。因此，对运动员心血管系统机能状况、有氧耐力、力量耐力、速度耐力水平均有很高要求。

一、耐力类项目竞技能力决定因素

1. 体能因素

耐力性项目运动员在形态学方面既有共同点，又有不同点。如以中长跑为代表的克服自身体重向前位移的项目，要求运动员相对较轻的体重；而当运动员位移的速度受到水、风力等空气阻力的影响时，运动员具有相应的肌肉质量则会有利于取得更快的前进速度。比赛中连续运动时间长是耐力类项目竞技的基本特征之一，这就要求对运动员机体进行适应性改造，包括改善机体能源物质的存储状况、提高机体的物质代谢功能、提高运动器官的运动功能，以及提高心理耐受度。耐力性项目运动员的各种基本运动素质都会综合地反映在运动员通过特定距离的平均速度上，运动员的“多种竞速能力”取决于以下多方面的身体素质状况，即最大速度、相对速度、专项耐力以及基础耐力水平。此外，力量素质对取得优异成绩很重要。

2. 技战术因素

耐力性项目的技术结构属周期性活动，动作技术的完善，经济性、实效性的提高，对于取得优异成绩都具有重要作用。此外，运动员出色的动作节奏也是突出的技术特征。在耐力性项目的比赛中，人们按战术行为的目的，将比赛战术分为创纪录战术和夺冠军战术；按照比赛时场地条件的不同，分为同道竞速战术与分道竞速战术；而依比赛中运动员所处位置，又分为领先者的战术与跟随者的战术等类型。

3. 心理因素

此类项目比赛要求运动员具有高度发展的心理耐力，能够以超强的耐心忍受生理上和心理上的极度疲劳，最大限度地动员体能的潜力。只有具备顽强的意志品质，才能满足比赛竞技的需要。

二、耐力类项目运动成绩的决定因素

运动员在比赛中表现出来的竞技水平，除主要取决于其自身所具有的竞技能力在比赛中发挥的状况外，在同道竞赛中，对手发挥状况对比赛结果也有着重要影响。运动员通过训练所获得的竞技能力在比赛中发挥的程度受到竞技状态以及客观的比赛条件的影响。其中，运动员的训练安排与自身的机体生物节律会直接影响竞技状态。而比赛场地、器材、地点、气候，以及裁判员和观众等因素，都构成了客观的比赛条件，对运动员运动成绩的取得造成一定影响。

三、耐力类项目运动员的训练

1. 耐力类项目训练的主要内容

耐力类项目训练内容主要包括：发展以体能为主导的多种竞技能力、发展以专项耐力为核心的多种竞速能力、发展以糖酵解供能或有氧氧化供能为主渠道的多种代谢能力。

（1）以体能为主导的多种竞技能力的训练

耐力类项目运动员在全面提高和发展体能、技能、战术能力、运动智能及心理能力的过程中，把发展体能放在首位，而在反映运动员体能发展水平的力量、速度与耐力的各种运动素质中，又特别着重发展运动员的耐力素质。

（2）以专项耐力为核心的多种竞速能力的训练

竞速是耐力性项目竞技的核心，发展和提高以最高的平均速度通过专项竞技距离的能力，是耐力类项目选手训练的主要目标。有计划、按比例地发展运动员的多种竞速能力，并综合地表现于专项赛距之中是此类项目训练的重要特点。

（3）以糖酵解供能或有氧氧化供能为主渠道的多种代谢能力的训练

根据此类项目运动中以糖酵解供能或有氧氧化供能为主的代谢特点，安排训练内容、选择训练方法和手段，确定训练量和训练强度的变化。

2. 耐力类项目的主要训练方法

围绕着训练负荷的控制、氧代谢能力的提高、肌肉力量耐力的发展、负荷后的迅速恢复，以及在不同地域组织训练的特点，发展并形成了多种有效的训练方法群组。

（1）负荷结构训练法

包括有计划地控制负荷的各个构成要素，依不同的组合方式进行训练，以发展相应的竞技能力的各种训练方法。常用方法有持续训练法、间歇训练法、重复训练法和比赛训练法等。

（2）代谢能力训练法

依不同速度的竞技运动对氧代谢能力的不同要求，分别构成了有氧训练、无氧训练和有氧无氧混合代谢训练等多种训练方法。

（3）骨骼肌力训练方法

依持续竞技时间的长短，分为中等时间（1.5～8分钟）的力量耐力训练和长时间（8分钟以上）的力量耐力训练。

（4）恢复能力训练法

使用包括训练学、生理生化及运动医学、物理学和心理学方法促进运动员竞技能力在疲劳后的尽快恢复。

四、中长距离类项目

中长距离类项目主要指田径运动中的800米、1500米、3000米、5000米、10000米跑，200米、400米、800米游泳，长距离速度滑雪，越野滑雪，公路自行车等。这些项目要求运动员必须具备突出的有氧耐力、力量耐力和速度耐力水平。

1. 田径中长跑运动员的体能训练

田径800～10000米跑对运动员耐力水平要求很高，因此必须在身体全面发展的基础上重点发展专项体能素质，提高心血管和呼吸系统机能。由于中长跑项目较多，所以在素质方面，它们的要求有一定的差别和侧重。例如：中跑更需要速度，长跑更需要良好的耐力。中长跑都要围绕专项耐力训练，以提高无氧代谢水平和无氧代谢能力。

（1）耐力训练

①一般耐力训练。一般有氧耐力是专项耐力的基础。中长跑运动员必须注

重一般耐力的训练，特别是长跑运动员比中跑运动员采用的耐力练习的距离更长，时间更多。其练习方法可采用定时跑、强度较小的越野跑、爬山、球类运动、滑冰、滑雪等体力练习。

②专项耐力训练。专项耐力在全年不同的训练阶段都要系统安排。发展专项耐力，包括速度感、跑的节奏，配速等，一般采用距离较长的反复跑、变速跑、越野跑、检查跑等。在越野跑中把发展一般耐力、专项耐力和速度结合起来进行训练也是一种较好的方法。

（2）速度训练

速度水平是提高中长跑运动成绩的一个重要因素。

中长跑是高速度耐力运动。如果速度水平较低，将很难达到较高的运动水平。发展速度的练习可采用短距离的反复跑、变速跑（200米以内或不等距离）、行进间跑、加速跑与起跑练习等。中跑运动员速度练习比重应大于长跑运动员。

（3）力量训练

其重点是发展力量耐力。

可采用较长距离的跑、跳专门练习（如200～400米后蹬跑、跨跳），多次重复轻重量和中等重量的负重练习，上坡跑，在沙滩（沙坑）上与较深雪地上的跑、跳练习，发展腿、腰、腹、背、上肢的力量练习，循环练习等。中跑运动员还应加强速度力量和腿部肌肉力量的训练。另外，中长跑运动员还应该注意腿部、髋关节和踝关节的柔韧训练。

2. 竞走运动员的体能训练

竞走运动员体能训练的重点是发展下肢力量、耐力、腿部动作频率和柔韧性。常用练习方法有无器械体操、跳跃练习、跳绳、越野跑、变速跑、爬山、滑冰、球类活动、负重力量练习，各种专门性的力量、技术和柔韧练习。

3. 中长距离游泳运动员的体能训练

中长距离游泳运动员的体能训练与短距离游泳运动员的体能训练相比，有许多共同的特点。例如，两者都需要良好的力量耐力、速度水平和专项柔韧性。其主要区别则在于中长距离项目对运动员耐力水平要求更高。因此，中长距离游泳运动员的陆上身体训练应在全面发展一般素质的基础上，提高全身肌肉的力量耐力水平、速度耐力水平、一般柔韧性和专项柔韧性，并重点加强一般耐力和专项耐力的训练，提高其心血管呼吸系统机能。发展耐力素质可采用各种陆上的球类活动、长跑、越野跑以及发展力量耐力的专门练习和反复多次的中长距离专项游泳训练。

4. 长距离速滑、越野滑雪运动员的体能训练

长距离速滑、越野滑雪不仅要求运动员必须具备良好的耐力素质，而且对腿部力量、速度耐力、平衡性、协调性、柔韧素质有很高的要求。因此，身体训练的重点是发展有氧耐力、无氧耐力、腿部力量素质（特别是力量耐力）、速度耐力、灵敏素质、柔韧性以及观察能力、平衡能力和动作的协调性。这些体能素质可通过多种多样的一般练习和长距离的专项练习来发展。

五、超长距离类项目

超长距离类项目主要指马拉松、超长距离公路自行车和铁人三项等。这些项目比赛距离长，如马拉松为42.195千米，公路自行车包括女子60～80千米个人赛，男子180千米个人赛，男子100千米团体计时赛等，比赛时间也长，一般为2～6小时。运动员要动员全身的力量进行长时间的、艰苦而连续的肌肉活动。因此，这类项目的运动员如果没有良好的全面发展的体能水平，特别是没有突出的耐力水平和坚强的意志，是很难取得良好成绩的。

超长距离类项目运动员体能训练的重点是发展耐力素质和提高一般体能训练水平。以马拉松选手的训练为例，在准备期可采用无器械练习、各种器械练习、跳跃练习、力量练习、球类活动、滑冰、爬山、各种跑的专门练习、长时间的走跑交替练习、强度不大的匀速越野跑和变速越野跑、组合练习、循环练习等来发展一般耐力和各项体能素质。专项耐力以及跑的节奏感、速度感等可采用反复跑、变速跑、连续跑以及各种专项练习来发展和提高。

总之，探讨和研究各项目运动员的体能训练，研究同群和异群项目的共有特点和普遍规律，可以打破固有运动项目的界线，进行跨项目的规律性探索。

例如：投掷项目和力量训练项目的力量训练有许多共同之处，而所有中长距离的走跑项目均与中长距离的游泳、自行车、划船、速度滑冰的体能训练有许多相似之处。这对于提高体能训练的质量效益，促进专项运动成绩与水平的提高均具有重要意义。

第九章　体能训练与营养

第一节　体能训练营养补充原则与策略

运动员需要专门的营养搭配以满足高水平训练体能恢复。很多运动员训练质量很不错，训练动作和计划完成得很好，训练周期量也执行的很到位，但是唯独就是感觉不到自己能力的提高，感觉不到水平的提升。这部分人的问题不出在训练上，他们的训练水平不错，甚至休息也做足了，但就是没提高，究其根本，是在于他们忽略了最根本的饮食问题，即营养补充的不到位，导致自己很好的训练没法效果最优化，自己的训练没法与自己的身体发生化学反应，导致事倍功半，得不偿失。对于身体素质训练，天赋占7分，训练占1分，休息恢复占1分，饮食则占1分，也就是说，除了遗传，其他三个方面都会影响体能增长的效果。

一、营养原则

营养对于每个人都是必不可少的，训练的人更需要充足的营养。初级阶段的训练者往往将全部精力投入到训练而忽视了营养。其实，没有适宜的营养任何训练都是无效的，因此运动员要注意以下五大营养原则。

1. 补充足够的热能

肌肉生长是要消耗能量的，没有足够的热量，就不可能保证体能的正常生长和保持。

2. 补充足够的碳水化合物

力量和速度训练时能量主要由糖原提供，摄入的碳水化合物可以补充糖原，供给能量，并防止训练造成的肌肉分解。

3. 补充优质蛋白

蛋白质是肌肉构成的基石，也是肌肉生长的基础，因此每天必须摄入优质蛋白质以构建肌肉。

4. 促进合成、减少分解

当肌肉的合成大于分解时，肌肉增长，反之则缩小。因此运动员要注意抗肌肉分解，促进蛋白合成。

5. 保持适宜激素水平

人体内的生长激素、胰岛素和睾丸酮对肌肉蛋白的合成至关重要。通过饮食与营养补充品可调控激素水平，刺激肌肉的生长。

二、营养策略

怎样从饮食中获取更大的收益呢?实践证明，下面几种独特的饮食策略，可以使运动员拥有更强大的体能储备。

1. 每日多餐

每天多次进餐。不管吃什么，每隔两三个小时吃一顿，肌肉将会保持快速的增长速度。运动员如果经常不吃饱，体内的脂肪就会囤积起来。这听起来似乎很矛盾，事实是人体具有很强的自我调节能力，如经常不吃饱，身体就会做出这样的反应：囤积脂肪以备饥饿时供给能量。

科学研究表明，每日多餐食品营养被人体吸收的量要大于每日三餐食品营养被吸收的量。有统计为证，一组男运动员三周内每日三餐摄入的总热量为4700千卡。之后他们每天摄入的总热量仍是4700千卡，但分17次摄入。结果，多次进食的食物营养几乎被全部吸收，且运动员在一天的训练中不会产生饥饿感，体内的新陈代谢率提高，皮下脂肪明显减少。

美国的一些专家也证明了这一点。他们让运动员做蹬车练习，结果蹬车时间越长，体内新陈代谢的速率越快，吃进的含热量高的食物正好能弥补身体所消耗的这部分热量。所以每次训练结束之后，必须补充一些含热量较高的食物，否则不仅会倍感疲乏，而且体内新陈代谢的速率下降，肌肉中的蛋白质会被大量消耗。

2. 不空腹吃甜食

训练中发生低血糖反应时立即喝浓糖水是有效的处理办法。但是，若想在训练前用空腹吃甜食的办法来增加体内的糖原储备，那就大错特错了。

理论上讲，人吃甜食以后，体内血糖就会升高。这时，机体会释放胰岛素使血糖转变为糖原，从而使血糖恢复正常。若空腹吃甜食，则会使胰岛素过度释放，使血糖快速下降，甚至形成低血糖，从而迫使机体释放肾上腺素，以便使血糖恢复正常。这两种激素的作用会使人头晕、头痛、出汗、浑身无力。

此外，甜食只能给机体热量，但相对缺乏维生素B、纤维素、铬等营养素，致使机体无法将糖转换为能量。食物中糖过多、纤维素不足还易使肠道的正常菌群被清除，而这些正常菌群能产生维生素B_2、维生素B_3、维生素B_{12}和叶酸。所以，空腹吃甜食不仅会造成低血糖，而且会造成营养缺乏。

研究表明，空腹吃甜食还有损人体内各种蛋白质的吸收。

3. 重视个性化

营养是体能的基础。虽然，人人都知道体能训练中营养很重要，但大部分人并不知道自己需要的营养是什么。即使人们已经能凭借可穿戴技术追踪身体活动，却尚未了解个性化营养。例如，大家都知道健康饮食加上定期锻炼有助于减重，但一刀切的方法并不是每一个人都适用。

“自从营养作为一门科学学科以及政府膳食指南公布以来，关于什么是健康饮食的争论就一直存在。”实际上，有关人们应该吃什么存在的分歧反映了人体科学研究的不足。现在的体能训练个性化营养的时代已经到来。我们正踏入个性化营养的时代，科学可以决定哪种食物适合我们。它不只有助于体重管理，更重要的是有助于管理我们的整体健康和福祉。

基因开关机制的表观遗传学的出现，揭示了我们的基因是“流体”，可通过各种内部和外部因素去塑造。同样，营养也是如此，有些人可能需要更多钙质，另一些人则需要增加蛋白质的摄取量。人体各有不同，深入分析才能更清晰了解个体需要，因此个性化营养项目随之出现。

第二节　体能训练所需营养物质

一、糖

碳水化合物对于运动员来说非常重要，它为机体参与锻炼和恢复提供必需的能量。运动员需要低血糖生成率的糖以及其他缓释的碳水化合物，这些物质比那些血糖生成指数高的蔗糖和淀粉相比，其能量释放相对平缓。平稳的能量释放是很重要的，否则高血糖生成的物质会使身体胰岛素水平陡增，这样就会诱导身体将更多的能量转化为脂肪而不是贮存在肌肉中，而且原本应该作用于肌肉生长中的能量也会被浪费。不过运动员在训练之后又往往会摄入一些快速消化的糖类（常为纯葡萄糖或者果糖），因为这会促进肌肉中肌糖原的复原，亦有利于肌肉中的蛋白质合成。水果的摄入可以随意，每天2份就已足够，但也可以多吃。训练前的最后一餐应该在训练前30分钟，应保证含有大量容易消化的碳水化合物、30克小麦蛋白，同时，训练结束后应立即补充80～100克碳水化合物。只有这样，才能保证训练的效果。

二、脂肪

1. 脂肪的生理功能

脂类包括中性脂肪、磷脂、胆固醇和各类脂肪酸等。

脂肪是体内的一种重要的能量储备形式和主要供能物质，每克脂肪在体内氧化所释放的能量比碳水化合物和蛋白质高一倍，因而被称为“燃料库”。人体日常所需能量约有20%来源于脂肪，但在体育训练60分钟后的能量有80%是来源于脂肪，它能在较长时间内供给人体能量而使人获得耐力。还有，一些必需脂肪酸（人体不能自身合成，但又是人体生命活动所必需的）和具有特殊功能的一些不饱和脂肪酸必须从食物中获取，而且脂肪又是一些脂溶性维生素的载体。另外，含有肉类脂肪的食物要比低脂肪的食物更能提高体内睾丸素的水平，足够的睾丸素水平可以促使肌肉更好地发展。

2. 卵磷脂及其重要性

卵磷脂是脂类中很重要的一类。天然卵磷脂既不是药品，也不是化学制品，而完全是一种食物，是体细胞的基本构成之一。它是由人体肝脏制造出来保护身体健康的物质，主要从豆类制品中获取。

它的功能突出表现在：①卵磷脂的健脑功能。卵磷脂可促使人的神经细胞活跃，使头脑灵活，增加记忆力。②清扫血管功能。卵磷脂能清扫血管里多余的油，这些多余的油是高血压和高脂血症的根源。③减肥功能。卵磷脂可化解脂肪为小颗粒，使之渗透进入参加代谢，达到减肥，控制体重的目的。④卵磷脂有保护皮肤的美容效果。卵磷脂被称为“可以吃的化妆品”。⑤使血小板活性化的功能。卵磷脂就会增加血小板的活性，有利于血液畅通，不易患病。

3. 脂肪的合理摄取

现代的消费者对食品中的脂肪含量非常敏感，认为严重危害健康的肥胖症、动脉硬化、冠心病等与之有关，每日摄取量越少越好，但实际上不是这样的。脂肪也有着其独特的生理功能，所以人体必须每天都要摄取一定量的脂肪，满足人体需要。如果因食物中脂肪摄入量不足，不仅会导致人体必需脂肪酸和能量供应不足，还会影响脂溶性维生素的吸收与利用。再有就是，如果你不惜代价地避开脂肪，你的热量摄入会不足以促进肌肉的增长。

营养专家建议，应按动物脂肪0.3和植物油0.7的比例配合使用。另外，儿童健美饮食的脂肪供给量应占每日总能量的35%，成人应把脂肪摄入限制在每天总热量的20%～25%为宜。比较简单的方法是避免吃油炸的食品、黄油和全脂食品，但可以吃瘦精肉、无皮鸡、整个鸡蛋以及低脂肪食品，以满足你对蛋白质的需求。

4. 脂肪的主要来源和代表食物

脂肪的食物来源主要是肉类。豆类食品、动物脂肪以饱和脂肪酸为主，而植物油中大多为不饱和脂肪酸，其中包括许多必需脂肪酸，例如亚油酸、亚麻酸等。

三、蛋白质

众所周知，蛋白质是维持生命的基本物质之一，也是肌肉的基本组成部分，故摄入适量的蛋白质，是满足营养必需的条件。那么我们就先来说说如何选择优质蛋白质：蛋白质分为两种，植物蛋白和动物蛋白，植物蛋白主要存在于豆类、少量蔬菜类、谷物类里面，含量微少，并且植物蛋白很难吸收，而且对于训练来讲，植物蛋白即使吸收以后，对于肌肉纤维的合成效果也远远没有动物蛋白好。动物蛋白，普遍存在于肉类、鱼类和奶制品里面。先说肉类。

1. 常见肉类

①猪肉。猪肉不适合身体训练后的补充，因为猪肉含有过高的脂肪和胆固醇，而且在中国的大环境下，猪肉的卫生状况很令人担心。100克猪肉里面蛋白含量大概在11克左右，吸收率为55%也就是说100克猪肉能够吸收的蛋白仅有5.5克左右。

②牛肉。牛肉适合身体训练后的补充，里面含有提高力量，爆发力的物质，即ATP功能的主要来源肌酸，而且甘肃和青海的牛肉非常广泛，肉质也是非常好的。牛肉富含肌酸，所以有些质疑肌酸不能吃，或者肌酸是药物的朋友可以大胆放心吃了。100克牛肉里面蛋白含量在20克左右，吸收率为45%，100克牛肉差不多可以摄入蛋白9克左右，我们可以发现牛肉蛋白含量虽然不错，但是吸收一般。

③鸡肉。鸡肉是最适合训练后补充的肉类，里面含有蛋白100克中差不多24克左右，而且鸡肉的吸收率差不多为65%，也就是说100克鸡肉中能吸收差不多15.6克，远远高于牛肉、猪肉，故很多运动员一般选择的食物都是鸡胸肉。

2. 非常见肉类

兔肉。这里只说一个兔肉，因为鸭肉的特点与鸡肉类似，但是吸收要稍微弱一点。兔肉在国外被归为素食，也就是说素食者是可以吃兔肉的，源于基本不含胆固醇，即肉类里面最低的胆固醇含量。而且兔肉100克含有差不多25克蛋白质，并且吸收率在85%左右，即基本可以吸收21克蛋白质，只是兔肉一般国内价格偏贵，故适用范围并不广。

3. 海鲜类

①常见鱼类。三文鱼、鳕鱼、金枪鱼等鱼类蛋白含量差不多，基本在22～24克，吸收率要略高于鸡肉，而且在三文鱼、金枪鱼里面含有很多不饱和脂肪酸，故吃鱼也是很好的选择。

②非常见鱼类。鲍鱼，鲍鱼蛋白含量极高，100克里面差不多含有一半的蛋白质，但是价格也极高。至于海参，这是个一直被误解的食品。海参很多人都说大补，其实对于病人等体弱的人来讲，如果真要补一补，与其给他海参，还不如给他买几个鸡蛋吃呢。海参很难消化，而且大都是胶质，或许对于爱美的女性是不错的补品，但是对于训练来说，效果不大。而且海参还无法多吃，多吃要润肠通便。

4. 鸡蛋

鸡蛋是一个单独的类别，一般一个全蛋的蛋白质大概在12克，但是因为胆固醇的缘故，一天最多摄入的蛋黄大概只有两个，这也解释了为何很多训练者一天要吃20个左右的鸡蛋的问题，因为如果只吃蛋清，蛋白含量只有差不多7～8克。

5. 奶制品

①牛奶。牛奶蛋白含量不高，100毫升只能提高3～4克蛋白，而且因为牛奶的质量问题不少，如果以牛奶为蛋白主要补充来源的话，明显是不大现实的。

②奶酪。我不清楚国内奶酪是不是选择的种类比较多，但是国外的可选择种类很多，而且每种奶酪因为做的方法不一样，配料不一样，故蛋白含量也不一样，但一般一块中块左右的奶酪是由10瓶牛奶浓缩而成的，故一般100克奶酪里面含蛋白在20～25克，而且吸收也不错。但因为奶酪脂肪比较高，故容易长胖。

6. 麦片类

麦片类的蛋白属于植物蛋白，但是鉴于麦片是很好的早餐食品，这里还是稍微提一下，一般100克左右的麦片含有蛋白在6.2克左右，提供热量1600千焦，故一碗麦片，几个鸡蛋，一个水果是很好很丰盛的早餐，这里还是要提一下，早餐是必须要吃，而且是必须要吃好的！任何一个职业运动员，必须都有吃好早饭的习惯。

四、维生素和矿物质

维生素和矿物质都属于微量元素，它们和水一样不能产生人体所需要的热能，也不是人体构成的物质，但是它们有很重要的生理功能作用。

维生素和矿物质包含在日常的食物中，它们的日常需要量虽然很少，但却是不可缺少的。它们虽然不能促进人体内的新陈代谢作用，却是人体生物化学的重要因素。同时它能增进人体抵抗疾病的能力，是维持人体健康所必需的。

1. 维生素

①“水溶解维生素”。它对促进新陈代谢的反应起到辅助作用。它能调整体内热能、蛋白质和氨基酸的新陈代谢作用。它在体内最多能留存24小时。

②“脂肪溶解维生素”。它是产生荷尔蒙作用的重要因素，它能渗透到细胞薄膜中去，可以在体内储藏起来。脂肪溶解维生素包括维生素A、E、D、K等。其中维生素E是保持肌肉组织的重要因素，尤其在剧烈运动后更需要及时补充。

2. 矿物质

①大量需要的矿物质：钙、磷、镁、钾、硫、钠、氯。

②微量需要的矿物质：铁、锌、硒、锰、钼、铜、碘、铬。

在日常饮食中摄入的矿物质，有利于肌肉收缩，保持肌肉组织和平衡血液。其他如钠、钙、镁和锌，能使肌肉产生紧张收缩的作用，这些都是非常重要的。

五、水

水对人体的作用：

①水是人体中产生生物化学作用的重要因素。

②人的生命依靠食物和氧气，它们通过水溶解的媒介传送到人体各个器官中去。

③人体内各器官中所产生的一切废物，都要通过水的媒介排出体外。

④水对调节和保持人体的体温起着十分重要的作用。

⑤水对人体各个关节起到润滑作用。

虽然很多人认为水没有什么营养价值，但它是人体中不可缺少的一部分。水占人体体重的40%～60%，肌肉中含有75%的水，在血液里也有将近90%的水，即使在脂肪内也含有少量的水。如果人体内没有足够的水，就会变成脱水状态。但是当体内缺水时，人体就会产生自我保持和自动平衡作用来进行调节。对运动员来说，肌肉中保留有适量的水分，就会使肌肉更丰满和肌肉线条更明显，而多余的水分就会排出体外。

第三节　常用的体能营养补剂

一、肌酸

肌酸是爆发性用力动作的能量来源。它可以增加力量，再造ATP，并使11–B型肌纤维保持水分，达到肌肉增加的目的。为达到最佳效果，运动后女性应补充 5克，男性补充7～10克。

二、谷氨酰胺

人体处于巨大压力之下时才需要这种“有条件需要”的氨基酸。谷氨酰胺可为免疫系统提供能量。高强度训练使肌肉内谷氨酰胺减少，为平衡分解代谢的作用，训练后应补充7～15克。

三、支链氨基酸

这类氨基酸以两种特殊方式促进合成代谢，释放胰岛素，刺激释放生长激

素 。支链氨基酸中最重要的是亮氨酸，可增加肌肉，减少脂肪，并为人体提供营养。乳清蛋白的支链氨基酸含量较高，训练后应补充4～6克。

四、鱼油

防止肌肉减少的特别营养素。强度训练的压力、饱和脂肪和单糖的消耗产生E_2。鱼油产生的E_1可抑制E_2，并刺激生长激素产生，使人体能更有效地处理胰岛素。建议用量：每日4～6粒。

五、精氨酸

与谷氨酰胺一样，人体处于巨大压力之下时才需要。运动员经常处于此状态中，故需补充精氨酸。临睡前补充10～20克，可提高体内生长激素的水平。

六、维生素C

它是强有力的抗氧化剂，可像海绵一样吸附血液中的自由基。建议用量：每日2000毫克。训练回立即服用1000毫克，可抑制分解代谢激素皮质醇。

七、维生素E

另一种强有力的抗氧化剂。它在保护细胞膜免受氧化损害的同时，可增强肌肉利用胰岛素的能力，因胰岛素的受体在细胞膜上。建议用量：每日200～400国际单位。

八、锌

多数运动员缺锌，而缺锌妨碍蛋白质合成。睾丸酮和生长激素的产生均需有足够的锌。建议用量：男性每日20毫克。

九、镁

合成ATP离不开镁。镁参与肌肉收缩，改善耐糖能力，可增强力量。建议用量：每日400 ~ 600毫克。

第四节　体能训练中糖的补充

摄取较多的碳水化合物，有助于训练后肌肉肝糖含量的恢复。训练过程要有变化，某些天要从事激烈训练使肌肉肝糖耗尽，而某些天则不必过度消耗肝糖，如可从事技术训练或指导，而使肝糖较能够充分恢复。那训练后怎样补充糖较为合理科学呢?

一、肌糖原的补偿

由于在长时间运动时（超过60分钟以上），肌肉肝糖之低含量（因运动消耗）与疲劳有关。因此如何在比赛前增加肌肉肝糖含量而延迟疲劳时刻的发生是从事耐力运动者很重要的一个问题。

典型的肌肉肝糖补偿方法介绍如下。此方法是在比赛前一周内实施两次衰竭运动，每次间隔三天，同时在第二次衰竭运动前后摄取碳水化合物含量不同之饮食。在第一次运动后连续三天食用低碳水化合物（约10%）食物，此时肌肉肝糖含量相当低而且会有低血糖现象。而在第二次衰竭运动后三天改用高碳水化合物之食物（约90%），因此肌肉肝糖之含量会大为增加，比平常之含量还要高出许多。这种传统的方法，由于它具有下列缺点已较少被使用：①食物特殊，不易被选手接受，含10%或90%左右的碳水化合物不易准备且难以满足运动员之口胃。②有运动伤害之危险，在第一次激烈运动后再继之三天均低碳水化合物食物，会使肌肉肝糖含量与血糖浓度降低，在体能与心理状态皆不佳之情形下，再从事第二次激烈运动，伤害问题值得担忧。③影响比赛成绩，于比赛前三天从事激烈运动（即二次衰竭运动)。可能会影响比赛之体能与表现，选手不愿尝试。由于有上列三点瑕疵，因此新的肝糖补偿方法便被用以改进传统之方法。

修正的肌肉肝糖补偿方法介绍如下。此方法乃在比赛前一星期逐渐减少运动量（分别是运动90分钟、40分钟、40分钟、20分钟、20分钟、休息和比赛），且改变碳水化合物之摄取量，先摄取三天50%的碳水化合物，而于比赛前三天摄取70%的碳水化合物。这种方法可增加相当多的肌肉肝糖含量，由于较温和可行，在美国已有长距离选手利用此种方法，来增进体能。增加肌肉肝糖含量，对于长时间耐力性运动似可改善其成绩，但对少于60分钟的耐力运动则影响不大，因为在70%～80%最大能力下运动60分钟，并不会使肌肉肝糖含量低到会影响成绩的程度。但如果再继续运动（在60分钟运动后）30分钟，则对体能和成绩的影响较大，因为这个时候肌肉肝糖的含量会再减少许多。

二、复合性与单一性碳水化合物

运动训练后要实时补充大量碳水化合物，而我们所需之碳水化合物的种类是复合性碳水化合物，而不是单一性碳水化合物。复合性与单一性碳水化合物可依下列方式加以区别。复合性碳水化合物也叫作淀粉食物，一般是较自然而未加精炼的食品。这些食物包括马铃薯、全麦面包、面类、谷类食物、糙米、水果、豆类和蔬菜（根茎类）等。它们含有纤维质、维生素及矿物质等营养素。而单一性碳水化合物是精制过之食品，通常吃起来是甜的，如糖浆、糖水、蛋糕、饼干等。它只含热量而较少含有其他营养素。

要摄取较多复合性而非单一性碳水化合物之理由：能稳定血糖。复合性碳水化合物含有铬，较不易造成血糖之大幅起落。而单一性碳水化合物会刺激胰脏分泌胰岛素，而使血糖下降。血糖不稳或过低会影响精神意志状况，进而影响成绩。胰岛素分泌过度会使体内储存更多脂肪。摄取单一性碳水化合物会增加血中胆固醇和三酸甘油脂含量，因而会增加心脏病机率，减少血液输送至肌肉细胞和降低体能。摄取单一性碳水化合物会增高血中之尿酸而引起痛风。

摄取复合性碳水化合物能增加肌肉肝糖之含量，同时会增加细胞保留水份之能力，这样便可减低运动中之脱水现象。摄取复合性碳水化合物可以达到控制体重之效果。复合性碳水化合物含有较多之营养素但却相对地含有较少的能量。运动员摄取较多的复合性碳水化合物，不但有助于成绩之突破，亦可以保持良好健康状况。饮食原则与方法在促进人体健康的立场上，运动员和一般人是一样的。

三、体能训练时有关饮食之建议

在全年365天，每天皆要注意饮食方式与习惯，而不是在比赛那几天才注意。适当合理的饮食有助于训练期间体力或身体热能存量之恢复。体力恢复后才能适应持续激烈之训练，不断地训练才会导致身体对高负荷之适应，身体适应后体能即会突破，因此平时即要注意正确之饮食方式。训练时饮食摄取量要考虑身体的需求，特别要考虑足够碳水化含物之补充，以维持肌肉内肝糖的储存。在激烈训练时，如摄取较少之碳水化合物，则会导致低肌肉肝糖含量。肌肉肝糖含量少时，要接受规律的训练是很困难的。每日训练后，要尽快补充能源，因此在训练期间要补充能量之时间很有限，且肌肉恢复肝糖能力最强之时间是运动训练后第一个小时。要妥善安排进食时间，在训练期间要尽量设法补充食物，不要因不方便而放弃饮食机会。如没吃早餐即去训练，在训练后上午九、十点左右要吃含有高碳水化合物之食物（如水果、全麦面包）。如在傍晚训练时，在下午三、四点左右要吃一点东西，然后于训练后再吃正餐。一星期至少要有一天休息。留一些时间让选手在激烈训练后恢复体力或肌肉能量是必要的。休息方式亦可采用训练三天后休息一天，而后再训练六天后休息一天之方式循环。吃更多新鲜蔬菜（特别是根茎与绿叶蔬菜）、水果（特别是酸性水果）与谷类食物（如全麦面包、豆类、糙米等）。强调淀粉性食物（复合性碳水化合物）之摄取，而不是糖类食物（单一性碳水化合物），不要依赖太多糕饼或甜食来补充碳水化合物。不要吃过多肉类，肉类最好选择较瘦的肉或鸡鸭肉，要减少肉类摄取而增加复合性碳水化合物补充。尝试每日吃一餐不含肉食物。平时餐饮要确定选手已补充足够水份和新鲜果汁（含有高量维生素和矿物质），训练前或训练中绝不能有脱水现象。平时要养成规律饮水习惯。减少摄取炸或煎的食物。尝试用蒸或炒的方式准备食物。不要加过多盐，以免造成脱水现象。可考虑使用微波炉准备食物，用微波炉并不会导致营养素大量流失，且可结省时间。这对于忙碌的运动员在准备食物时相当有帮助。

后 记

在此书即将结束之时，本人感触良深。由于2013年我院社会体育与指导专业申请成功开始招生，此专业有体能训练课程，虽然此时体能训练已受到专业院校和师范类院校的广泛重视，但却没有适合的专业教材，当时由王琳院长提议由我院负责相关课程的教授老师编写这本书。

但由于本人去上海攻读博士，时间紧迫和地理位置相距较远，所以在编写过程中，由王琳教授和冯刚老师协助本书的一部分整理与编写工作，特别是冯刚老师在图片的拍摄和整理上给予了极大的帮助，是他多方联系与协调，才使图片达到规范的要求。

在本书编写过程中，还要感谢西北民族大学重点学术著作资助项目对本书编写和出版的资助；此外我们还要诚恳感谢人民体育出版社编辑们的认真工作，为我们如何修改好这本书给予了极大的帮助；同时感谢西北民族大学2017级社会体育指导与管理专业张煜铭同学出任本书动作示范。

赵常红

2020年10月1日